魯金

著

魯金作品集

香港賭博簡史

總序

香港史研究興起之前，很多本地早期事蹟主要靠掌故保存下來。所謂「掌故」，是指關於歷史人物、社會風俗以及典章制度等的故實或傳聞。記載掌故的文章，或在報刊上發表，或見於文集、傳記、回憶錄中，是研究歷史不可或缺的參考材料之一。至於掌故是否全部確鑿可信，則有賴歷史學家進一步的考索和印證。

本地報紙的副刊，向以內容豐盛見稱，不乏佳作，造就了多位作家、小說家甚至專家學者。以掌故名家的亦復不少，當中的表表者是魯金，譽為香港掌故大家，是實至名歸的。著述繁富，時至今日仍有可供閱讀和參考的價值。

著名報人和作家

魯金（1924-1995），原名梁濤，祖籍廣東省雲浮市新興縣，生於澳門。以筆名魯金為人所熟知，其他筆名包括魯言、夏歷、魯佳方、老街方、三繞、夏秋冬等。從事新聞事業逾半個世紀，早年曾經在省、港、澳及戰時的韶關各大報章擔任編輯和撰述工作；抗日戰爭勝利後，定居香港。

魯金長期留意香港史事，對人物掌故和時代變遷瞭如指掌，寫成多篇文章，部分輯成專書。他為廣角鏡出版社編著《香港掌故》，總共出版了十三集；又為三聯書店主編「古今香港系列」叢書，當中有幾種是他自己的作品。1992 年，為市政局編寫《香港街道命名考源》和《九龍街道命名考源》。

主編「古今香港系列」

1988 年，三聯書店開始出版由梁濤主編的「古今香港系列」，是認識香港百多年來歷史進程和社會發展的一套重要叢書，備受注意，廣泛流傳。當中《港人生活望後鏡》、《粵曲歌壇話滄桑》和《九龍城寨史話》都署「魯金著」，是他比較重要的專書，視為代表作，似亦未嘗不可。《港人生活望後鏡》介紹了昔日香港流行的生活方式和習俗，包括飲食、時裝、娛樂、中藥等行業，及曾經流行一時的俗語等。《粵曲歌壇話滄桑》系統地敘述粵曲歌壇不同階段的發展，及早期粵曲歌伶、名曲玩家的生平逸事。《九龍城寨史話》搜集了大量歷史材料，並進行實地考察，是了解九龍城寨的基礎讀物。

講述港九各個地區街道的故事，魯金亦優以為之。《香港中區街道故事》和《香港東區街道故事》，均署「夏歷著」，街名來歷及相關事蹟，娓娓道來，除非是老街坊，否則是未必知道的。後來三聯書店編印「香港文庫·新古今香港系列」，除重印《香港中區街道故事》、《香港東區街道故事》外，增出《香港西區街道故事》、《九龍街道故事》、《新界及離島街道故事》，均署名「魯金」。港九、新界齊備，魯金走遍全港是名不虛傳的。

編著《香港掌故》

　　1977 至 1991 年，廣角鏡出版社出版了《香港掌故》十三集，前三集都是魯金的文章，總共四十三篇。當中有不少文章講述香港的百年發展，如第一集的〈百年來香港幣制沿革〉、〈百年來港澳交通史〉，第二集的〈百年來香港中文報紙版面的變遷〉，第三集的〈百年來香港新年習俗沿革〉和〈百多年來省港關係發展史話〉。

　　魯金講掌故，比較重視歷史脈絡和時代變遷，例如第一集就有〈香港食水供應史〉、〈香港稅收史話〉、〈香港海盜史略〉、〈香港嚴重的風災史〉等，第二集有〈香港的貪污與反貪污史〉和〈馬年談香港賽馬史〉，第三集有〈香港和中國邊界交通史〉和〈百多年來省港關係發展史話〉。也有關於重要歷史事件的，包括〈五十年前的香港大罷工〉、〈香港淪陷與香港重光〉之類。

　　第四集起，每集只有一至四五篇署名「魯言」的文章，重要的有〈耆英在香港〉（第四集）、〈香港華人社團的發展史——三易其名的香港中華總商會〉（第五集）、〈香港清末民初武術發展史話〉（第十一集）等。十三集合共有署名「魯言」的文章六十多篇，內容包羅萬有，謂為百科全書式的香港掌故家，亦曰得宜。第二集中〈關於處理香港歷史資料的態度問題〉，頗可注意；第六集中有吳志森的〈魯言先生談《香港掌故》〉，有助加深了解。

其他著作與文獻材料

　　魯金還有幾種著作。1978年廣角鏡出版社出版《香港賭博史》；1990 年代次文化堂出版包括：一、《香港廟趣》；二、《妙言廟宇》；三、《香江舊語：老派廣東話與香港民生關係概説》；四、《魯金札記：中國民間羅漢小史》。

　　總的來説，魯金掌故之所以有分量和特色，主要有幾個原因：第一，有新聞觸角和歷史眼光，而且能夠兩者兼顧；第二，文獻材料加上實際考察，既能互補又有互動；第三，香港事物配合中外發展，洞悉時代環境的變遷。鄭明仁在《香港文壇回味錄》（天地圖書有限公司，2022）中，稱魯金為「香港掌故之王」。

　　香港中央圖書館香港文學資料室設有「魯金文庫特藏」，從中可見魯金生前收藏的書刊、文獻和剪報材料等，這對於研究一個作家的生平與著作，是十分珍貴和有用的。隨著魯金大量作品的重印及整理結集，他在本地掌故方面所作出的努力與貢獻，相信可以得到更多肯定，亦有助於香港研究的深化和發展。

周佳榮

香港浸會大學歷史系榮休教授

2022 年 12 月

目錄

第一章
開埠初期的攤館

1841 年至 1843 年，香港原不禁賭，自 1844 年首次的《禁止賭博條例》，因立例精神欠妥，反助長賭風。至 1855 年，攤館林立，賭風釀成災害，首先是腐蝕公務員，刮起了大貪風。

香港官員每次大開賭禁，總是歡喜說香港華人特別喜愛賭博。為對付這種不良嗜好，只有兩種方法，一方面是嚴懲那些非法的賭徒，另一方面是把這種不良的嗜好納之於「正軌」，即是合法賭博。這種論調，到底是否符合事實呢？

有人會說是事實，因為：你看看吧，在那些六合彩投注站裏排隊的人，不全是華人麼？在那些買四重彩、六環彩、孖寶、三寶、孖 Q 的投注站裏的人，不全是華人麼？還有，被控訴的非法賭徒，收外圍狗馬的莊家，幾曾有過歐洲人？這不是事實麼？

是的，但這並不表示中國人是嗜賭的民族。這種賭風並非中國人固有的風習，這風習是由英國人培養起來的，是經過百多年的縱容與包庇所造成的。

這本《香港賭博簡史》，就是讓歷史證明上述的話全為事實。

中國幾千年歷史中，賭博是一種文化，也有悠久的歷史。正如戰爭一樣，任何民族都經歷過無數的戰爭，不代表他們都是愛好戰爭的民族。考中國的賭博史，可遠追至堯舜時代。何法盛的《晉中興書》有一段，可考出賭博最初出現的情形：

陶侃為荊州，見佐史博弈戲具，投之於江曰：「圍

棋者，堯舜以教愚子；博者，殷紂所造，諸君並國器，
何以為？」

又據《史記‧殷本紀》載：

帝武乙無道，為偶人謂之天神。與之博，令人為行。
天神不勝，乃僇辱之。

最早文字記載的賭博就是下棋。因為下棋有勝負之分，便形
成一種博的意識，像武乙那樣，以對方代表天神而下棋，對方敗
了，他就說是戰勝了天神，任意侮辱天神的塑像。這就有賭而獲
勝的意味。

但這種歷史悠久的博戲，長久以來，從不形成一種嗜賭之風，
它只是消閒玩意。令到賭風大盛而成為風氣，正因鴉片的輸入，
和各帝國主義侵略中國而破壞中國的農業社會所致。鴉片毒害人
們身心，農村經濟遭到破壞，謀生更不容易，人們便存僥倖之心，
於是養成賭博的風氣。試看過去的歷史，便知道黃、賭、毒三者
的相連關係。

現在，先談香港的賭博史。

開埠初期，香港並未禁止賭博，因為自從鴉片流毒中國以後，
在廣州及澳門，賭博已漸漸形成為風氣，但不很流行，所以當時
香港也沒有賭場，所謂賭博，也只是三幾個人圍在一起作局，小
賭一番而已。

怎見得 1841 年至 1844 年香港並未禁賭呢？我們可以從最

初登陸香港，統治香港的發動鴉片戰爭的英國駐華商務總監義律（Charles Elliott）和英國遠東艦隊司令伯麥（J. J. G. Bremer）在香港張貼的第一號和第二號告示得到證明。這兩張告示是用中英文寫成的，中文的原文如下：

第一號告示

　　大英國駐華全權欽使兼商務總監、駐遠東艦隊支隊司令伯麥，為出示曉諭事。照得本使大臣奉命為英國善定事宜，現與大清國欽差大臣爵閣部堂琦（琦善）成立協定，將香港全島讓給英國統治，已有文據在案。凡爾香港居民歸順英國為女皇之赤子，自應恭順守法勉為良民，而爾等居民亦得享受英國官吏之保護。一切禮教典儀、風俗習慣，及私有合法物產權益，概准仍舊自由享用。官廳執政治民，悉依中國法律風化習慣辦理（但廢除拷訊），並准各鄉耆老秉承英官意旨管轄鄉民，仍候國主裁奪。凡爾居民，苟有受英人或他國人凌虐及不法待遇者，得赴就近官署秘密稟告，定即查辦，代爾伸雪。凡屬華商及華人船舶來港貿易，俱免繳納任何費用賦稅。俟後如有關繫爾等華人各事宜，將隨時曉示恪遵，各鄉耆老應切實約束鄉民，服從官憲命令，切切毋違。

　　特示。

大英國一八四一年二月一日

道光二十一年辛丑正月初十（印）

第二號告示

　　駐華全權欽使兼商務總監海軍少佐義律示。為出示曉諭示。照得本使與大清國欽差大臣琦（琦善）成立協定，將香港全島割歸英國，現須先行成立統治機關，所有香港海陸地方一切人民財產，統歸英國治理，暫由商務總監執掌政權，仍候英廷定奪。島上華人居民仍照中國法律習慣辦理，但廢除拷訊，而於英人或他國人民，則適用英國現行法規辦理，將來執政官吏必要時得隨時另訂一切法規，凡屬英國及外籍人民，均受英國官吏的切實保護。此示。

英國一八四一年二月二日（印）

　　這兩張告示都沒有明文規定禁娼禁賭，只強調保護居民的生命財產，即禁止盜劫等事，其中風化習慣等項，可包括禁止姦淫婦女等項目在內。有人說這兩張告示只屬安民告示，旨在說明義律統治此地之初，對英國及歐洲人，用英國法律治理；對於華人，則依當時的中國法律辦理。未暇注意到賭博問題。

　　但到了兩個月後，義律委任英軍第二十六步兵團團長威廉堅（William Caine）為「民政司」時，在委任狀上，也沒有命令他禁

賭。當時「民政司」的職權，相等於清朝知縣的權力，既是一位行政長官，也是一位裁判官，在他任內，並未禁賭。

當 1843 年 4 月 5 日，維多利亞女皇頒發《香港授命狀》（*Hong Kong Charter*）委任砵典乍（Henry Pottinger）為第一任港督後，砵典乍於 6 月 26 日正式成立香港政府，將以前義律的行政官兼裁判官的行政制度，改成今日香港政制的雛型，組織行政委員會，立法委員會及法院，制定了行政、立法、司法的三個統治機器，但當時還沒有禁賭的打算。

到了 1844 年，一大堆法例先後公佈頒行，這一年共公佈二十二號法例，從法例的性質，可以看出屬於兩個方面，其一是維持治安，另一是徵稅。因為當時港島治安很差，盜賊橫行，還有零星的反英行動，所以有第二號的《取締印發書籍報紙及有印刷機條例》，第五號的《維持秩序安寧條例》，第十號的《治安委員審理簡易程序訴訟事件條例》，第十二號的《警察隊條例》，第十三號的《華僑保甲條例》及第二十號的《授權總督在緊急時期宣佈戒嚴頒行軍律條例》等，這些都是維持治安，鞏固統治的法例。至於徵稅及廣開稅源的法例，則有多種，其中《禁止賭博條例》，即屬於其中之一。因為當時公佈這些條例，主要是從罰款中取得政費，例如第八號的《禁止釀酒條例》，第十一號的《公眾沽酒肆及售酒領照營業條例》，第二十一號的《售鹽、鴉片煙、當押等、拍賣商營業牌照稅條例》等，都是規定違例者繳交罰款的法例，《禁止賭博條例》是當年的第十四號法例。

1844 年第十四號的《禁止賭博條例》的內容，大意是規定凡聚眾賭博以及招人賭博，最高罰款為 200 元，而賭館主人或開賭

者亦同樣辦理。可見禁止賭博的目的，並不在於禁絕這種不良的風氣，而旨在從罰款中增加庫房的收入。這是香港開始立例禁賭的精神，一直維持到 1977 年才略為改變。

最初流行的賭博是番攤

在以上述的精神禁賭，毋寧説是在培養賭風。所以 1844 年有明文禁賭，賭博卻是越來越盛行。最初是三五人的聚賭，漸漸發展成幾十人以至百餘人的大聚賭，即賭館和賭場在禁賭條例頒行之後，越開越多，規模也越來越大。馬沅編譯的《香港法例彙編》第一卷乙冊，對這種現象有如下的描述：

> 自一八四四年十四號禁賭條例頒行之後，港地賭風
> 未嘗稍戢。查一八五五年之間，番攤盛行，賭館林立，
> 賭徒所以有恃無恐，甘作違法之行者，蓋賴有護符，日
> 派賄金買通警員及該管機關之下級員役。惟為日既久，
> 事機不密至於敗露破案者，已不知若干起。

馬沅將賭館林立的原因，歸咎於警員及所屬機關員役貪污，認為是這些人員貪污庇賭造成，他忽略了立例禁賭的精神方面，實際上是讓賭風越吹越烈。開賭，大不了是罰款了事，聚賭也是一樣，如果有人包庇，可以作為定額罰款來處理，於是既養成賭風，又養成貪污之風。

當時在香港最大宗的賭類，是番攤。在這裏，且談談番攤的起源及其演變的歷史。

番攤是甚麼東西？它的賭法是怎樣的呢？這裏先說明一下。

番攤是由賭館主人做莊家，以定額派彩的形式來進行的一種賭法，它的賭具有「攤子」。「攤子」最初是用銅錢做成，後來有用瓷片、骨鈕、蠶豆，以及其他類似的顆狀物代替。賭法是先由主持人把攤子抓一把出去，用一個盅把攤子蓋起來，不讓大家看到究竟有多少數目，抓了攤子出去之後，賭徒才下注。下注妥當後，便開攤。

開攤的方法是由抓出攤子的那個人，用一枝竹，把攤子撥開，然後以四顆攤子為一組，慢慢地扒著，扒到最後一組，如果只剩下一顆攤子，便叫作開一攤，剩下二顆，便叫作開二攤，剩下三顆，叫作開三攤，剩下四顆，就是開四。

抓攤子和扒攤子是由一個人主理，這人稱為「攤正」。他坐在攤枱的主席位上，其他在攤枱靠牆邊，負責替賭客下注及派彩的人，稱為「打荷」，或稱「荷倌」。在攤館中提防屬下作弊的職員，叫監場；提防小手混進攤館向賭客打荷包的，叫巡場；還有保護攤館以及維持秩序的打手。攤館的組織就是這樣。

由於開攤的辦法是四顆攤子一組，所以賭法亦分為四門，即一門、二門、三門和四門。賠率則有番、角、稔、正四種。

所謂「番」，是指獨贏，例如買一番，只有開一攤才算中，賠率是一賠三，九成派彩。如此類推。所謂「角」，是買兩門，例如一門和二門，叫一二角；二門和三門，叫二三角；三門和四門，叫三四角，四門和一門，叫一四角。又有買一門和三門的，叫單

角；二門和四門的，叫雙角。這種投注兩門的叫「角」的賠率，是一賠一，九成派彩。

「稔」的賭法是一和一勝，也和「角」差不多，是押兩門，只要開正押中的一門才算中，另一門則算作和，不輸也不贏。例如押一搭二稔，即是押一門為主，搭二門為副，如果開一攤便算中，開二便算和，可以收回下注的賭本。假如開三或四攤，便輸了。「稔」的賠率是一賠二，即一元中二元，但九成派彩。

至於「正」，又稱「正頭」。這是一勝兩和的賭法。無形中是押了三門，只押中的一門才贏錢，其餘兩門則算和。例如押「一正」，即是以一為本，假如開一攤便算中，開二攤或四攤算和，如果開三攤便算輸。概括地說，買「正頭」，開出對面那一門便輸，兩旁是和，只有開正自己買的那一門，才贏。所以賭徒若說「買正頭，開對公」，便是自認很晦氣的話了。「正」的賠率是一賠一，九成派彩。

此外還有「射三紅」的賭法。所謂「射三紅」，即等於押三份，例如「射三」，即等於買三門二門四門，除了開一輸錢之外，開三攤、二攤或四攤，都算贏。賠率是三賠一，即下注三元才能贏一元，仍是九成派彩。

以上賭法，是香港從古至今的攤館皆有，近年香港攤館雖有「鴉攤」的賭法，這裏不便細表。

有人以為番攤由外國傳來，他們是從字面上誤認番攤的「番」字是番鬼的番，其實不是如此。「番」是賭法的一種，如上所述，故名番攤。

番攤古名揜，又名意錢，攤錢

番攤在中國，是一種歷史悠久的賭博項目，據說漢朝已經有了。它的原名叫「揜錢」或「意錢」。

《漢書‧高惠高后孝文功臣表》有幾處提及「搏」或「搏揜」的，例如：「邔嚴侯黃遂，元朔五年，嗣元鼎元年，坐掩搏奪公主馬，髡為城旦。」又：「樊侯蔡辟方，元朔二年，嗣元鼎四年，坐搏揜，完為城旦。」以及「安丘侯張拾，元狩元年，嗣元鼎四年，坐搏揜，完為城旦」。顏師古注曰：「搏字或作博，一曰博，六博也；揜，意錢之屬也。皆謂戲而取人財也。」

漢元朔四年，為公元前 125 年，元狩元年為公元前 122 年，元鼎四年為公元前 113 年。可見這種賭博項目已有二千多年的歷史。但只引上述史籍，還未足夠證據，證明揜和意錢，就是今日香港盛行的番攤，因為顏師古的注只說明揜是意錢，並未說明即番攤。

《後漢書‧梁冀傳》說梁冀能「意錢之戲」，注云：「何承天《纂文》曰：詭億一曰射意，一曰射數，即攤錢也。」這便說明意錢就是攤錢。攤錢就是番攤。

大抵漢朝最初的「揜」及「意錢」，是用銅錢隨手抓起來，用物覆蓋著，讓人猜它的數目；因為「揜」音掩，是覆蔽的意思。所以這種以錢為賭具的玩意，既名揜又名意錢。何承天解釋攤錢時，說又叫「射意」，又叫「射數」。後來可見演變成以四枚為一組的番攤。

金學詩的《牧豬閒話》一書，對於賭博的歷史，考據甚詳。他對於番攤的考據，也認為是古已有之的。下面的一段敘述，可以

説明番攤就是攤錢：

> 揸攤者，隨手取錢數十枚，不拘多寡，納於器中，
> 俟眾人壓畢，乃取計之。每四枚為盈數，統計凡為四者
> 若干，餘零或一或二或三或成數，分為四門，以壓得者
> 為勝。俗謂之攤錢，亦曰攤舖。其錢不使疊映欺惑也。

這已經足夠證明攤錢就是番攤。它所敘述的，正是百多年來流行於香港的番攤。

賭風與貪風是連體怪物

番攤像其他的賭博項目一樣，在中國雖有悠久的歷史，但它在鴉片未毒害中國之前，也並未造成災害。稽諸史籍，各種賭博項目都是在廟會或盛大的節日裏，才會設立較大規模的賭檔，平時這些玩意，只是有閒的人，或士大夫們聚會時偶一為之而已。

香港既在 1844 年頒佈禁止賭博條例之後，賭風反而大盛，這便反映香港開埠初期，謀生極為艱苦，人們存有僥倖一博而得溫飽之心。因此當時流行一句俗語：「唔賭就窮實，賭就輸實。」意思是説：不賭麼，是永遠窮定了，雖然賭是輸定了的，但為了不要窮一輩子，也得要賭啊！賭風之盛，由此而來。

賭風和貪風是對孿生兄弟，當賭風自 1844 年至 1855 年這 11 年間形成之後，據現存於高等法院的檔案，就有首宗賭館向公務

員行賄的案件，發生於 1855 年 5 月 5 日。

揭發這件案件實屬偶然。當日，荷李活道的中央警署內，有一華籍職員與署中一位雜役發生口角，華籍職員一怒之下，向時任警察司（即今日的警務處處長）查理斯梅理（Charles May）告密，指出該名雜役收受一攤館的黑錢，查理斯梅理把這件案交由總登記官高和爾（D. R. Caldwell）查辦。結果按址破獲這間攤館，並搜出攤館內的收支簿冊，收支簿冊內有支給警署茶錢的賬目，但並沒有列明收款人的姓名。

當時在攤館，拘獲一自稱是攤館主持人的男子，這個男子在警署內作供，説出收受賄賂的人共有 4 人，除了警署的雜役兩人外，高等法院、裁判署的雜役亦有收受。但是到開庭審訊時，該攤館主持人竟然推翻在警署的口供，結果，4 名受賄的雜役無罪釋放，攤館查封，該攤檔主持人罰款了事。

自從 1855 年，這第一宗攤館賄賂公務員案發生後，差不多每年都有破獲賭館的事發生，間中亦牽連到警員受賄。

警察制服釘編號與賭博有關

我們今日看見香港警察的肩章外面掛有一個銀色的編號牌。這是入伍編號，這個編號牌也和賭博有關，是香港賭博史中一頁插曲。

考 1857 年之前，香港警察的制服上並沒有該警員的編號牌。這編號牌由 1857 年 1 月 1 日起裝設上去，起因正是賭博。

原來 1856 年 8 月 25 日，歐籍警員蘭度夫（Randoph）在執行

職務時，發現有人在街頭聚賭，他把賭徒們拘返警署後，即向這些人索款。每人索取 5 元或 10 元不等，收款後即將他們釋放。事後，被總檢察官安士迪（T. C. Anstey）發覺，將蘭度夫控於高等法院。

這件案在開審時，蘭度夫不承認貪污及私自釋放賭徒，即不承認影響司法公正。他指出，這是歷年以來的習慣，拘捕聚賭者，都是由賭徒自願交款給辦案警官即可省釋。他再問：如果不是一種習慣，為甚麼那些賭徒不告發他呢？

安士迪指出：因為華人不知警員及警官的姓名。他們就算要告發，也無從告發此案也因此無法找到受害者作證人，既然蘭度夫已承認向賭徒索款，他雖詭稱是歷來習慣，但又沒有任何文件紀錄證明，該判他有罪。

他隨即指出，不少警員受賄是出於勒索，賄賂本是雙方都有罪的案件，即行賄與受賄都是自願。但本港不少賄賂案件屬於勒索，即付款者本不願行賄，因受勒索而行賄，所以請求今後，警察必須將他的編號掛出來，以便那些不願行賄而被勒索的市民，得以誌記該警員的編號而舉報。

主審這件案的法官，是時任正按察司曉吾（J. W. Hulme）。他在宣判蘭度夫判處有期徒刑十二個月後，接納安士迪的建議，通知時任警察司，以後在警員制服的衣領上，釘上該警員的編號，俾市民能有所投訴。

因此，自第二年（1857 年）開始，全港的警察都在衣領上釘上該警員的編號。當時的制服，華籍警察穿綠衣頭戴尖頂竹織帽，並無肩章，是以編號釘在衣領上，後來才改釘在肩頭上。這種制度，已行之百餘年，至今未改。

第二章 賭博合法化時代

1867 年 5 月 22 日，立法委員域陶（Whittell），與港督麥當奴在立法局例會上大談管制賭博問題。是年 6 月 17 日，突然頒佈《維持社會秩序及風化條例》，該例第十八條中，賦予港督公開招商承餉開賭的權力。賭博合法化於是年 7 月 1 日施行。這是中國賭博史和香港賭博史上的創舉。

香港的賭風在合法與非法的縱容之下，一直越刮越大。到了 1867 年，上環的水坑口、大笪地、四方街、華里、東街、西街，環繞著荷李活道與大道中的一些橫街內，到處都是攤館。這些攤館差不多公開營業。攤館是租用舖戶來開設，它的特點是門前垂下一塊藍布做的門簾。門外有人招徠賭客，高呼：「發財埋底便！」

掃蕩賭窟如同演戲

與此同時，每個月總有兩三次破獲賭窟的案件，由警察拘捕賭徒與賭館主人，交由總檢察官起訴。表面上，似是顯示警方正在大力掃除賭檔，實際上，這是賭館主人和警方通力合作的表現。因為這種破獲賭窟、拘捕大批賭徒的行動，背後經過巧妙的排演。賭檔主人稱這種「大力掃蕩」為「做馬騮戲」！

串演這種「馬騮戲」的方法，是由包庇開賭的警方預先通知賭館，在某日某時，他們要來掃蕩。賭館主人便於事前，以相當

高的薪金，聘請失業者或無能力工作的吸毒者，在賭館裏權充賭
徒或賭檔職員，其中有一人自稱是賭館主人。他們每人手中拿著
一元幾角的賭本，作下注狀，等到警察掩至，煞有介事似的，高
聲喝令舉手。然後將一干人犯全部拘捕，連賭具和賭款一併帶署
落案。

由於《禁止賭博條例》對於犯有賭博行為的人，一律判處罰
款，是以賭館主人早已準備一批現款，替他們繳納罰金，於是一
干人犯便施施然地從莊嚴的法庭步出。下次，又可以舊戲重演了。

這種「馬騮戲」不但瞞過那些高高在上的高級行政官員，就
是新聞記者也被瞞過。歷年的中西報紙，對於掃蕩這類賭館的新
聞，都以為是警方大力掃除賭博、戢止賭風的表現，常常以頭條
新聞出現於報端。

其實，只要細心研究，就知道這是一幕鬧劇。因為這類掃除
賭檔的案件，在檢獲賭款方面，常常與被捕人數和賭館的規模不
調和。例如一宗拘捕三十餘人的案件中，共繳獲賭款不過百餘元。
如果一間賭館，它的職員銀盆上只有百餘元現金的話，就決不會
引來這麼多的賭客。而且 30 名賭客，每人袋中有 5 元的話，便已
超過所檢獲的賭款數目。是以明眼人一看，就知道這種所謂掃蕩
是在做戲。

原來，通常審辦賭案的法官，都會判決賭具和賭款一律充公，
賭館主人不會照平日習慣，在銀盆上放滿銀鈔以示賭館財力充沛，
以免損失更大。是以在演這場戲時，賭款的數目盡量減少，因此
只要研究賭款的數目與賭場的規模不調和，便知這是一場巧妙的
演出。

議員域陶首倡寓禁於徵

這雖是很簡單的道理，然而當時卻沒有一位法官注意到，甚至直到現在，仍未有人在法庭上，指出過這一類表演。

不知道這種演出是否被一位立法委員域陶先生識破，1867 年 5 月 22 日，這位域陶先生在立法局常會中，突然提議取締賭博的有效方法。他指出，警方經常掃蕩賭窟，而賭窟卻掃之不盡，正是「野火燒不盡，春風吹又生」，顯見《禁止賭博條例》禁止賭博的力度不足，他建議另訂新的法例，對付目前的賭風。

立法局開會，時任香港總督是當然的主席。1867 年，時任總督麥當奴（Richard MacDonnell）發表意見，認為 1844 年的禁賭條例無須重訂，因為現時不能有效地禁止賭博，並不是禁賭條例本身有甚麼缺點，而是在執行禁賭的不盡力所致。他強調一點：香港人歡喜賭博，而主管人員又復貪污，這兩者構成一種使法律難以制裁的局面，因此咎不在法例本身。

域陶於是又起立發言。他說：既然人民又樂於沉迷賭博，而賭博又造成貪污，何不寓禁於徵？准許開賭的人繳納稅餉，領取牌照開賭，這樣就可以掃除貪污，納賭博於正軌。這豈不是兩全其美之法麼？

港督麥當奴表示：以香港的賭博情形而言，無論如何，管制賭博，總比現時的禁賭辦法為佳。至於如何管制賭博，將來各位議員，不妨再行詳加討論。

維持社會秩序公開招商開賭

當時華文報紙《中外新報》及《華字日報》經已出版，兩報刊出立法局會議的新聞，並未引起人們注意。人們只是奇怪，為甚麼立法會議會在這個時候，提出禁賭建議而已。

到了下個月的立法局例會，於 6 月 17 日開會時，當局突然提出《維持社會秩序及風化條例》，在會議中通過，頒佈施行（法例編號：1867 年第九號）。這條條例全部內容與維持社會秩序和風化有關，只是第十八條的原文，就是上次立法局會議中，麥當奴提過的有關管制賭博的條文。

《維持社會秩序及風化條例》第十八條大意是説：本港非法賭博盛行，現行的《禁止賭博條例》未能收肅清之效，為了取締非法賭博並將其禁絕起見，本條例賦予總督權力，制立規則，屬行禁絕所有非法賭博，或採取有效方法加以限制及管理，務求達到肅清非法賭博之目的。

法律已賦予總督麥當奴以「限制及管理」賭博的權力，他便有權施行他認為可以達到禁絕非法賭博的辦法，究竟他怎樣去「限制及管理」賭博呢？他的辦法就是公開開賭，使一切賭博合法化！

《維持社會秩序及風化條例》訂明由 1867 年 7 月 1 日起施行，故此在 7 月 1 日之前，麥當奴便要實施他限制及管理賭博的計劃。首先他給予警察司發給賭館牌

宣傳賭博合法化的港督麥當奴

照的權力，由警察司及總登記官招商承投賭餉，每一賭商需要申請開賭。申請書內列明賭館地點及街道門牌，並書明願納賭餉數目。箇中情形，和今日開投的士牌照的情形相似。

開票結果，共批准 12 間賭館公開設立。這些賭館的地點分佈均勻，在中區，機利文舊街、大道中，各有一間。上環水坑口、大道中、荷李活道、西街，各有一間；西營盤兩間，灣仔則有四間。至於賭餉，每家每年納牌照費一萬元。

這些賭館於是年 7 月 1 日起正式營業，它們像一般商店開張營業，那天燒大串炮仗，敲鑼打鼓，以廣招徠。

像這樣的限制及管理受到有識之士非議，但在當時，中文報紙只得《中外新報》和《華字日報》兩家，它們都是兩張西報的附屬機構，且創刊不久，既未有獨立的能力，亦未有輿論權威，誰能反對這種不合理的事呢？

牧師華倫致函港督反對

當時聖公會牧師查理士華倫（Charles Warren）認為，這樣維持社會秩序和風化，簡直是一種諷刺。他到處奔走，向宗教界及社會知名人士要求簽名，上書反對政府的賭博合法化政策。當時主持《中外新報》的伍廷芳，亦簽名反對。那一封給麥當奴的信，由查理士華倫於 7 月 24 日遞交總督府副官。大意是說：當局頒行《維持社會秩序及風化條例》，從條例的名稱看來，人人以為這是一項認真維持社會秩序和風俗習慣的善政，料不到適得其反，

反成了獎勵賭博，妨害社會秩序，破壞良好的風化的工具。這種所謂限制及管理賭博的措施，決不是英國法律所容許的。這種措施，實際上並非禁賭，而是公開大推賭風，達到不可告人的目的。須知道中英兩國法律，都有明文規定禁止賭博，而賭博足以危害社會的道理亦人所共知。同人等對此堅決反對，願政府立即收回成命。

港督麥當奴收到這封信後，於 7 月 29 日用書面答覆查理士華倫，他說：「政府此項措施，是最有效管制非法賭博的方法，同時也是取締不肖警察勒收賄款的辦法，而且可以為政府增加 10 萬元的稅收，有何不可呢？」

當時的賭餉，第一年非常經濟，每年每家只收一萬元，每個月不足一千元。開賭的無不肚滿腸肥。到了第二年，即 1868 年，再度公開競投時，已取消以每年計算，而是以每月計算。開投地點亦改在政務處，即今日的政府合署內舉行。

首創「賭餉」影響全中國

以開賭的方法來增加地方稅的收入，考諸香港以至中國的賭博史，麥當奴皆為始創者。

在麥當奴未公開招商承餉開賭之前，香港固然沒有前例，即在澳門，甚至中國，也沒有先例。

麥當奴是開賭抽餉的發明家，亦是「賭餉」一詞的製造者。做成香港百年來賭風有增無已，麥當奴責無旁貸。

正如牧師查理士華倫給麥當奴的信中所說，在當時，中國的法律禁止賭博，絕對不容許公開招投賭餉，所以在 1867 年之前，中國雖是有悠久賭博史的國家，卻從未有人敢冒大不韙，提倡公開開賭。但是，自麥當奴發明了以賭抽餉之後，中國的地方官，特別是南方各省市的大貪官、軍閥們，都師承了麥當奴這一套，大抽賭餉、大開賭禁了。

澳門今日雖有東方蒙地卡羅之稱，但是澳門的招商承投賭餉的歷史比麥當奴為晚，在 1870 年以後才開始。葡國人一向本著香港可行之事，澳門亦可行的原則，對滿清政府負責，故當香港開賭抽餉之後，澳門才效法麥當奴，也開賭抽餉了。

關於開賭抽餉的歷史，有《禁賭概覽》一書，敘述甚詳，書中提到廣東各地，特別是廣東省城的開賭抽餉的史實，都是在 1867 年之後。該書轉載鄒魯《賭禍》一文有一段，可供參考：

> 光緒甲申，張之洞任總督，番攤私賭林立，有汛館、官堆館、老師館之目。汛館、官堆館者，由駐紮該官堆之軍人包庇之賭館也。其賭館即在該衙署門首。老師館者，由進士、翰林個人包庇之賭館也，其賭館無定地。三者之中，軍人之勢特橫，時有侵及其餘二者。至包庇費則每日五元至百元不等。官廳自此雖未直接收取番攤賭餉，然每年間接實收四十萬元漏規，充海防經費。至李鴻章總督兩廣，因西關賭館發生命案，遂藉口化私為公，大開番攤矣。是為官准番攤賭博之始。名曰海防經費，年餉二百餘萬兩。

　　光緒甲申，即公元 1884 年，後於麥當奴開賭十餘年，當時廣州的賭館還未正式納餉開賭，僅僅是由軍人和翰林進士之流包庇，但已經間接由張之洞效法麥當奴抽取 40 萬元充作海防經費。到李鴻章時代，才完全效法麥當奴，正式開賭承餉。在中國正式抽餉開賭的是李鴻章，而李鴻章那一套，正是師承麥當奴。

　　為甚麼在談香港賭博史的時候，化這麼多的筆墨，談到香港以外的賭博史呢？筆者認為，香港是中西文化交流之地，研究香港歷史，不能與中國的歷史割裂開來。外國的香港歷史學者，每每就犯了這一毛病。他們或基於某種需要，往往故意把香港孤立起來，好像香港的發展與外界完全無關，它既不影響別處，別處也不會影響它。其實，只要稍具近代史常識的人，都知道國與國之間，都會受到歷史主流的影響。香港地理上在中國的南方，原是中國領土的一部分。香港人口百分之九十九點幾以上是中國人，它的一切變化，都會和中國發生不可分割的關係，彼此永遠互為影響，互相溝通。

　　香港的賭博最流行的幾種，都源自於中國，而香港首創納餉開賭，自然也影響到中國，故此自麥當奴作始作俑者之後，中國各地的地方官，自清末以至民國都率相效尤。這就是香港的歷史和中國近代史不可分割的明證。

　　話說回來，麥當奴開賭只有 4 年，正因為 4 年之後香港不再有承餉公開的賭館，是以後來廣州、澳門、廣州灣等地的承餉開賭，不容易被人發現是源於香港罷了。

　　麥當奴於 1867 年 7 月 1 日開賭之後，雖經查理士華倫及伍廷芳等社會人士反對，但反對無效。招商承餉於 1868 年繼續施

行。考 1867 年 12 月 3 日，英國貴族院開會，議員丹頓（Lord Taunton）也提出質問。丹頓指摘香港政府施行公開承餉開設賭館，是違反文明的政策，這種政策勢必遺害香港。而北擎咸公爵（Duke of Buckingham）在致詞時也說：香港政府此舉，如果屬實，當是英國這個文明國家之羞。

到了 1868 年 5 月，香港西商會亦討論香港公開賭博對香港前途問題。在會議中，一致認為公開賭博以致商業萎縮。會後，上書港府，要求立即下令停止承餉開賭。事實上，當開賭甫及一年，南北行的生意亦大受影響，有不少客商原本攜款到香港來購買洋貨，都在賭館內將貨款輸光了；有些運土貨來港的商人，賣出土貨之後，原可辦運洋貨回內地，也將貨款輸光了，因此土洋貨物的買賣大受影響。但是麥當奴面對這反對潮，依然無動於衷。他在答覆西商會的談話中，竟說自從管制賭博以來，對公眾利益未曾有過甚麼損害，商務的不振只是一時罷了。他仍是一意孤行。

字花、牌九、骰寶等乘機崛起

究竟招商承餉開賭之後，是不是真正有效地禁止非法賭博，一如麥當奴所說，讓貪污禁絕，私賭絕跡呢？事實並非如此。當時，賭風既被公開掀起了，又怎能被遏止下來呢？考當時承餉開賭的，只屬番攤一項。原已存在的非法賭館，一向受有力者包庇，包庇者斷不會停止受賄，非法賭館的主事人亦不會因此而金盆洗手。上文說過賭風與貪風是對連體怪物，兩者之間自會為私利創

造出新局面。

這新的局面，就是除番攤之外，開設其他雜賭的賭館。其中最大宗的，是骰寶、牌九，此外有字花（即花會）、闈姓、白鴿票等。他們自以為政府承餉開賭的是番攤，其他雜賭不在承餉之列，故此於法例並無牴觸。包庇者亦可以説，市面已經沒有非法的攤館了。他們已把非法的攤館撲滅了。開賭者也是以同樣的理由，表示並無影響承餉的賭商營業。他們的賭博，是屬於 1844 年的《禁止賭博條例》範圍，而不干犯到 1867 年的《維持社會秩序及風化條例》。所有被破獲的私賭，也只是罰款了事。

香港此時開始有字花、牌九、骰寶等雜賭，可見麥當奴的開賭政策流毒深遠。這些雜賭後來一直荼毒社會。（關於字花、牌九、骰寶等賭博史話，將於以下數章內，詳為説明。）

再説開賭之後，對社會秩序及風化，是不是一如官方所説的大有進步呢？我們不妨引用 1870 年正按察司史美爾（J. J. Smale）的話，給予有力的反駁。

史美爾在 1870 年間，主審多宗刑事案件，有些是商行職員虧空公款，有些是劫案。當他主審時，虧空公款的職員訴説犯案原因，是挪用公款去攤館賭博輸光了。劫案中有多起是在承餉賭館內搜回贓物，而這些贓物都被劫匪拿去賭館典押現金投注。因此，史美爾在審訊一宗劫案時，發表意見如下：

> 自從公開賭博以來，本港的刑事案件以及犯罪的人
> 數與日俱增。社會秩序並不見得改善，風化也未見良好。
> 政府這種開賭政策，必須重新檢討。

開賭政策所以連西人都大力反對，是因為當時去攤館賭錢的人，不論華人還是西人都有。就是連駐港英軍，也是攤館的常客。由於這是合法的賭博，誰也可以進去，西人並不例外。是以賭風也到西人社會招手。

全港居民上書英倫要求禁賭

1871 年 1 月 12 日，是第四屆公開承投賭餉之期，當時受全港市民關注，一方面是痛心政府仍然施行開賭政策，另方面是注意賭權由甚麼人投得。當時賭權已採用統一投餉形式進行，即投得賭權者可全權經營 12 家攤館。據開投結果，由何亞錫以每月一萬五千幾百元的賭餉投得賭權。比上年的賭餉，每年增加 3 萬元。上年是全年收餉 15 萬餘元，而該年全年賭餉是 18 萬 9600 元。

眼看當局的態度仍以稅收年增 3 萬元而沾沾自喜，全港市民便發動上書英倫的請願大運動。由當時社會、商場上知名人士發起，所有商號都在請願書上蓋章，於 2 月遞交港府，請轉英國理藩院。與此同時，西商會亦採取同樣行動，於是年 5 月上書英倫。兩封請願信都力言賭博遺害社會慘況。

但是，請願書如石沉大海，幾個月後都沒有回音。後來查知，這兩封信送到英倫去時，被麥當奴扣留起來。可見麥當奴仍決定繼續開賭下去。

原來當時麥當奴在英國渡假，他企圖說服理藩院，繼續維持開賭的現狀，並極力游說那些反對的議員。他的解釋依然是老調

子，是以他把華人和西商的請願信扣留不發。

　　但是他的努力始終白費，賭博害人的道理婦孺皆知，甚麼花言巧語都不能掩蓋事實。結果，他在 1871 年 12 月自英國回港時，亦帶來了禁賭的命令。

第三章
闖姓與白鴿票

1867 年公開賭博期間，私賭以各種形式出現，故 1872 年輔政司柯士甸奉港督麥當奴命頒發禁賭告示時，除宣佈取消承餉開設攤館外，特別強調闖姓、白鴿票及字花亦在禁止之列，這是政府文告中的第一次。

麥當奴於 1872 年 12 月回港，帶來了英國理藩院禁止開賭的訓令，開賭的是他，禁賭的也是他，他將怎樣處理呢？

按照一般慣例，當執政者推行自己的某一政策時遭到反對，便應由另一位執政者上台，表示政策已告結束，新的政策由新人執行。麥當奴既然力主開賭 4 年，並且力排眾議，力言開賭有助維持社會秩序，誇誇其談地說私賭已禁絕，貪污已被禁止。現在由他自行推翻自己以前的政策。這是出乎一般慣例之外的事。

但這種事例，自麥當奴以後，在香港歷史上亦常有發生，漸而變成慣例了。

自從 1869 年開始，1 月 12 日便是每年承投賭餉的日期，因為除第一年由 7 月 1 日開始外，其餘幾年，牌照上列明每年 1 月 20 日到期，故此每年 1 月 20 日前一星期，賭商都在密鑼緊鼓，準備競投下一年度的賭餉。1872 年 1 月 12 日，賭商們忽然接到通知，說今年不再投賭餉了。而 1 月 13 日，各賭館門前即貼有時任輔政司柯士甸（J. G. Austin）的告示。告示大意謂：依照 1867 年第九號條例第十八條訂定的規則，現已一律廢止，由本月 20 日起實行。所有賭館屆時封閉，不准營業。

禁賭佈告指出雜賭盛行

當時人心大快，只有賭商如晴天霹靂，眼見麥當奴總督回任，以為賭餉定必繼續開投，卻想不到爆大冷門。

到了 1 月 30 日，港府以輔政司的名義發出佈告，解釋這次禁賭的原因。佈告全文如下：

為佈告事。查本港地方，前經政府核准承商領牌開設賭館，其目的為防止警察索賄，及制裁盜匪免使滋蔓，四年以來，著有成效，外商僕役盜竊僱主財物之事，漸見減少。私賭亦久經絕跡。近來地方治安，社會秩序，均大有進展。故由本月二十日起，所有開賭牌照一律宣告取銷，嗣後本港、九龍及所屬鄉村地方一切大小賭博，悉行嚴密查禁。督憲現正籌商善法，務將所有賭博剷草除根，免人民重受其害。

再者，總登記官及警察司有制止及緝拏賭博全權，並將加僱偵探嚴密查緝。違者拘罰不貸。凡汝人民毋得嘗試。勿謂如前可以賄通警察，身蹈刑章。須知現目警察不負查緝賭博任務，而暮夜苞苴意圖行賄者，亦將受法律最重處分。即使行賄一時僥倖，終亦不能受其保障。

本港華人紳商，對於政府禁賭措施，尤須極力贊助，互相勸勉。至業主方面，租賃房舍而有賭博犯罪之行為，科罰賭徒時，業主應並擔負代繳罰款責任。各區街坊值理，商號司理，亦須飭督區內更練，店號夥伴，嚴密防範。

不得有開賭聚賭情事，尤應愷切勸諭，犯法必懲。毋得
嘗試，否則革職或予監禁。

示文內所謂賭博，其意包括一切闈姓、白鴿票、花
會，及其他有彩之賭博，各宜凜遵毋違。

特示。

一八七二年一月三十日

這張皇皇告示，一方面詭稱開賭之後，社會秩序有了進展，
因此廢除投餉開賭了。另一方面又承認賭博害人，要大力禁賭。

這份禁賭文告證實在公開賭博期間，各種私賭以各種形式在
流毒社會。文中的闈姓、白鴿票、花會，以及所謂「其他有彩之
賭博」，都是在公開賭博流行於香港的私賭。

以上是香港政府文告中首份提到花會（即字花）的文件，可
見字花流行的徵兆，但並未十分發展開去。字花在香港日佔時期
曾以公開的姿態出現，戰後有二十多年的全盛時期，關於字花的
發展史話，稍後當專章討論。

白鴿票由放鴿會演變而成

這裏先談白鴿票。白鴿票是一種以《千字文》中首八十字為
本位的賭博。《千字文》是從前小孩子啟蒙時必讀的三本紅皮書
之一，另外兩本分別是《三字經》和《幼學詩》。《千字文》沒
有重覆的字，又因為它是必讀的課本，認識書中首八十字者眾多，

正好被賭棍用來作為開賭的工具。

白鴿票的八十個字，以「天地玄黃，宇宙洪荒」開始，至「龍師火帝，鳥官人皇」為止。

至於賭法，賭徒可從這八十字中，選出十個字投注，而票廠每次開字二十個，如果全中十字，一毫可以中一千元，中九字也有幾百元，中八字有百餘元，中七字有幾十元，中六字得幾元，中五字可得毫半，中四字以下無派彩，即全輸。

白鴿票由白鴿會演變而成。當明末清初，廣州每年農曆五月至六月間，都設有放白鴿會。放白鴿會，既是比賽，也是賭博，由鴿主將白鴿送到主會去，每一鴿子報名費為二銀錢，等到截止

此圖為白鴿票盆口的內文一頁，
指導白鴿票賴盆口的方法。

白鴿票盆口圖

日期，便在佛山登記，帶了鴿子一起到清遠去。到一指定地點，該處主會派有公正人登記該鴿子已到，然後放回，能飛得最遠又即日飛回佛山的即為冠軍，得頭獎。這種放鴿會，屈大均在《廣東新語・禽語》中，有較詳細的說明：

　　廣人有放鴿之會，歲五六月始放鴿，鴿人各以其鴿至，主者驗其鴿為調四、調五、調六七也，則以印半嵌於翼，半嵌於冊以識之。凡六鴿為一號，有一人而印一二號至十號、百號者，有數人而合印百號者。每一鴿出金二錢，主者貯以為賞。放之日，主者分其二：一在佛山曰內主者，一在會場曰外主者，於是內主者出教。以清遠之東林寺為初場，飛來寺為二場，英德之橫石驛為三場，期以自近而遠。鴿人則以其鴿往，既至場外主者驗其翼印，書於冊。是為二場。三場皆中，乃於三場皆中之中，內主者擇其最先歸者，以花紅纏繫鴿頸，而觴鴿人以大白，演伎樂相慶。越數日，分所貯金，某人當日歸鴿若干，則得金若干。有一人而歸鴿數十者，有十人千鴿而只歸一二者，當日歸者甲之，次日歸者乙之，是為放鴿會。

　　照《廣東新語》所說，當時比賽鴿子，以六隻鴿子為一號，所謂號，就是以「天地玄黃」等字為號，如天字第一號，天字第二號等。當時除了比誰最快飛回之外，亦有猜測哪一號的鴿子飛回最多，用以賭博。但未形成白鴿票。

到了清末，賭風大盛，才依這種放鴿會的形式，發展成為白鴿票，索性不用放鴿子，而由票廠預先將選定的二十字密封掛在票廠門首的正樑上，讓賭徒猜測，投注開彩。

《嶺南即事》一篇好文章

關於敘述清末白鴿票的情形，《思益堂日札》有《廣東花會》一條，記云：

> 花會闢千字文中二十字射之，中者數十錢可得數百金，以次遞減至百金數十金不等。

這種花會，與字花的花會不同，考諸文理，當是指白鴿票。字花不是用《千字文》的字為賭具，而且派彩不是「以次遞減」。只有白鴿票才用《千字文》，而且是先選二十字任人「射之」，彩銀便以中字多少以次遞減。《辭源》因誤會這是廣東的花會，故引於「花會」一條之後。

《嶺南即事》有《戒買白鴿票文》，讀之可知這種賭博在清末荼毒社會之深。該文云：

> 今有白鴿票者，岡邊設廠，野外開場，以筆墨作行頭，借詩書為賭具，決輸贏於數字，分勝負於終宵。毒計瞞人，一本居然萬利；甘言惑眾：小往可以大來，三

更應手得心，半夜轉貧為富。於是農工商賈，棄本業而爭財；三教九流，捨正途而牟利。心上葉發金枝，夢中花開銀樹，謂奇貨之可居，似醉翁之不醒。……

然而開者，非能劫奪；而奔買者，自好貧窮。欲以三厘，駁他十両，不思入穴擒虎之難，徒存緣木求魚之心。浪費精神，任勞心計！作成圖格：一字有見五見六之方。創出規條：各法有搭五搭三之例。並非奇謀勝算，徒言玉尺量天，誰是未卜先知，不過盲人測月。橫遮企柱，常擲鐵嘴之三；鬼腳禾叉，難求梗頸之四。試思此局，始自何人，將八十之字，困盡英雄，以方寸之章，闊如滄海。……

從此金生麗水，也要淘沙，玉出崑岡，何能返璧？曾聞凍餓，絕水米而投河，更有淒涼，典釵裙而掛鴨。嗟嗟！銅山既倒，白鴿全飛，腰上囊空，不曉臨崖勒馬；床頭金盡，竟成慢火蒸魚。誰叫爾來，惟君自取。真可憐也！不亦拙乎？惟冀及早回頭，登時變計，勿貪十倍之利，勿追已去之財。……

這篇《戒買白鴿票文》，相信是寫於同治至光緒年間，因為《嶺南即事》一書，光緒年間（1875 年至 1908 年）已出版。它所寫的，是非法的白鴿票，因為有「岡邊設廠，野外開場」之句，證明不是承餉開賭時的作品。至於是寫香港，抑或寫廣州的情形，則無法考證。

文中有些字句，是描寫當時賭白鴿票的方法。所謂「作成圖格：

一字有見五見六之方」，這是指一種名叫「字容」的東西，它和六合彩由第一期起公佈結果至本期止開過多少次數的圖表差不多，把每個字、開過多少次詳列出來，所謂「見五見六」，即開過五次或六次。

至於「各法有搭五搭三之例」，是指其中一種賭法，因為白鴿票規定投注者每票限買十個字，但如果買十一個字，這便等於「複式」的投注。它的計算法是用八個字和三個字配搭而成，即左邊以八個字為一行，右邊以三個字為一行，然後每邊依次序掩去一字，變成十個字一條。這種方式的賭法，稱為八搭三。又如投注十三字，亦是一邊八字，一邊五字，依次掩去三字，名為八搭五。所謂搭三搭五，就是這種賭法。當然，還有搭二、搭四等等。

另外「橫遮企柱」，以及「鬼腳」、「禾叉」、「玉尺量天」、「鐵嘴三」等項目，皆為賭法，因篇幅關係，不便細表。

科舉時代的產物——闈姓

當時香港盛行的私賭，還有「圍姓」一項，它到底是甚麼東西呢？賭法又是怎樣的呢？

考「圍姓」原名應為「闈姓」。因為這是科舉時代的產物，闈是指科舉時代的試院。如會試稱為春闈，鄉試稱為秋闈等等。這種賭博到了鄉試之期或會試之期才會開獎，而且開獎是以會試或鄉試放榜的名次來決定，所以屬於長久性的賭博。如果要從近代找相似的例子，可以用已廢止的大馬票與之比擬，大馬票也是

幾個月才開獎一次。

闈姓的賭法，是猜測今科狀元到底由姓甚麼的人考中。事前，主會方面已將是次會試各省舉子的人名資料搜集起來，公佈有資格上京會試的舉人姓名，指出姓陳的有若干；姓李的有若干，然後宣佈各姓的賠率。有些大姓，如陳姓、李姓、張姓、黃姓等，舉子人數又多，文才又出眾，賠率自然低些；若干僻姓，如司空、上官、桂、柴、苻等等，舉子人數又少，只得一名至兩名，賠率自然高。投注者可憑自己的心意下注。

開獎的辦法是依照北京會試放榜的名次為準，取頭二三名，如今科狀元姓陳，買中的可得頭獎，榜眼姓李，探花姓黃，買姓李的可得二獎，買姓黃的可得三獎。頭二三獎的賠率事前已規定，中獎者持票到主會去領取獎金。鄉試也是一樣，也是取頭二三名，賭法亦相同，故每逢鄉試會試都開獎。

香港雖然自 1841 年由英殖政府管轄，但香港居民都有資格參加鄉試，中舉之後亦可參加會試。他們可以用自身的籍貫去參加，故此每屆考試放榜時，香港人也極為關注，闈姓能在那時流行於香港，自有其社會基礎。

《清稗類鈔》記云：

> 賭博之事，專行於廣東，科舉未廢時，每鄉會試及歲科試前，使博者先入資，預卜入彀者之姓氏，各指定若干姓。榜發，視所卜中者之多寡，以第所得之厚薄。粵民本多嗜賭，而此尤風行，無富貴貧賤，相率為之。官不之禁。光緒之世，具奏抽闈姓捐以助軍餉，後乃禁革。

《東莞縣志》卷三十五載同治二年（1863 年）廣州已盛行闈姓的事，可作參考：

> 諭羅惇衍奏廣東省賭風最盛，劉長佑下車伊始，即將白鴿票、花會，並闈姓、番攤各賭博先行禁絕，號令一新，百姓亦樂於從命。該督離任，各種賭博復萌，請飭晏端書一體嚴禁等語。賭博為害閭閻，往往破家蕩產，弱者轉於溝壑，強者流為盜賊，不可不嚴行查禁。晏端書督飭所屬，出示嚴禁，以裕民生，而端風化。

同書卷三十六，又有光緒二年（1876 年）七月奉光緒帝之諭旨禁開闈姓，就此一併參考：

> 諭禁闈姓，賭款永遠裁革。從巡撫張兆棟之請也。

從上述記載，可知闈姓曾經遭遇多番禁止，但禁之不絕，正如其他各類賭博一樣，這邊明令禁止，那邊暗中開場。

闈姓這種賭博，已成歷史陳跡，據說是由於廢科舉，沒有開科取士，便不禁自絕。

第四章
賭博與行善掛鈎

公開賭博期間，港府所收的賭餉，本擬撥入經常政費開支，後奉英國命令，不許動用。其後這筆巨款，撥出一部分作為興建東華醫院之用。從此，香港的合法賭博，便以行善的姿態出現，總是被宣稱與慈善事業或社會福利有關，香港居民對此自不會陌生，既可提倡賭博，又可做善事，這是名正言順。然而這種「賭博行善」的妙事，並非最近才開始的，在香港賭博史中也是不能忽略的一筆。

承餉開賭的是麥當奴，將開賭和慈善事業掛鈎的，也是麥當奴。自 1867 年 7 月 1 日公開承餉開賭，以迄 1872 年 2 月 20 日禁止開賭，在這 4 年多的公開賭博期間，所抽得的賭餉十分可觀，這筆賭餉到底怎樣處理呢？

當 1867 年承餉開賭之後，牧師查理士華倫首先聯名反對開賭，引起英國議會的討論，當時英國上議院議長北擎咸公爵曾答應調查真相。他曾表示，如果這筆賭餉列入正常收益的話，這是英國之羞。故 1868 年，英國的理藩院曾訓令港督麥當奴，著他報告承餉開賭的一切情形，特別是對於賭餉的收入，是否列入正常稅收項下一點，詢問最為詳細。

凍結不名譽的賭餉

1869 年 7 月 12 日，理藩院副大臣蒙素爾（M. R. Monsell）在

下議院開會時，答覆議員們的質問，說已接到香港方面的通知，知道香港政府已將賭餉一項，列入正常稅收項目之內。不過，蒙素爾表示，英國政府已決定訓令港督，不得將賭餉列為正常稅收項下，對於該筆賭餉，應暫時由香港政府加以保管，不得撥作一切正常開支，聽候另行支配。

故此，在這4年多的開賭期間，這筆可觀的賭餉一直未曾動用過。後來，這筆賭餉就用於協助香港華人，興建東華醫院。

這話並不是說，香港東華醫院的興建，完全由賭餉撥作經費。實則東華醫院的興建，大部分力量來自華人的支持，賭餉只不過屬協助性質而已。

考東華醫院建院之前，曾發生過一樁「義祠醜聞事件」。這件醜聞轟動一時，被當時世界人士交相指摘，謂文明的英國人治理下的香港，竟出現如此駭人聽聞之事。

在未說「義祠」醜聞之先，先談「義祠」的歷史。查「義祠」本來是安奉華人神主牌的地方，都是死後無親無故的。香港開埠之初，來港傭工的華人大多數是農村經濟破產後的貧苦農民，他們來港出賣勞力、無依無靠，死後變了無主孤魂。當時有人提議請求港府撥地，建一所祠堂式的廟宇，用來安奉這些無主孤魂的神主牌，以便日後死者在鄉間的家人到來領回。醞釀興建這種祠堂的意念，到1851年才告成熟，因為得到各華人團體及商人的捐款支持，於是由兩位商紳唐昭及譚亞添，正式入稟向港府申請，定名該祠為義祠。原稟刊於《1896年調查東華醫院委員會報告書》內。稟云：

稟為乞予地段一幅，俾某等華人得建築一華人義祠
事。竊別國籍人及他教之人，已蒙同樣恩准，惟來港之
華人，多是工役人等，一旦在此身故，其神主牌位將無
廟祠為之安置。其人多自遠方來，如身故後得一廟祠以
安置其神主牌位，日後其同鄉或親屬來港，將可攜返故
鄉。某等已集有款項，並委唐昭及譚亞添二人以指揮一
切應為之事。

義祠醜聞事件爆發

義祠就在 1851 年，由唐昭及譚亞添主持下建成。初時義祠只
是放置神主牌的地方，如同鄉間的祠堂一樣。但到 1861 年後，貧
苦的華人來港謀生者日眾，香港寸金尺土，居住環境日漸擠迫，
於是義祠便變了質。

當時的勞苦大眾，通常是租一張床位居住，上環和西營盤一
帶的樓宇，每一層樓住上三四十人。這些靠出賣苦力的苦命人一
旦生病，固然手停口停，而當時的醫療服務極為有限，他們在輕
病時，同住的工友會給予照顧，若一旦病情嚴重，問題就不簡單，
同住的工友既難以照顧，又怕人病死在樓中會惹起麻煩，於是想
辦法另找地方安置這位病危的工友。他們於是想起義祠來。

鄉間的祠堂還是香港華人的祠堂——義祠，平日人人都可以
到。他們便用床板，將病危的工友扛到義祠去，好讓他有個地方
暫時棲身，寧可每天買些藥物到來給他治療，即使他不幸死了，

也不會連累同屋的幾十個工友，這是無辦法中的辦法。

於是，義祠便成為垂死與病重者的「留醫所」。說是留醫，義祠並無醫生，只是工友們買些藥物，或請個醫生到義祠去看診，然後開方、煎藥而已。

當時香港若干關心公益的華商，已覺得這種情形不能再發展下去。他們認為有組織籌備興建華人醫院的必要，因為義祠的情形是缺乏華人醫院所造成。故此，直至 1866 年 5 月 23 日，部分熱心公益的華商入稟給麥當奴，請求建立一間華人醫院及樓留所，以收容無依兼貧病交迫的華人，但當時麥當奴並未立即批准。

於是，義祠醜聞事件便在 1869 年 4 月爆發起來。原來，這一天不知是病人特別多，抑或幾天沒有工作人員收屍，義祠裏面擠滿了病人與屍體，有些新搬來的病人就置於義祠門外。坊眾一時嘩然，引起了報界注意並發表新聞，報道義祠那種慘無人道、仿如地獄的情形。

華人團體中，曾申請興建華人醫院的熱心公益人士，也立即向港府請願，要求取締義祠，設法安置病人。麥當奴看到報上的新聞，亦認為駭人聽聞於是派員調查義祠的情形，並委派史超域（Stewart）及利士他（Lister）調查義祠真相。利士他的調查報告中譯本，原文如下：

　　僕曾親歷此土人醫院（即義祠），見其中疏忽及悽慘之形象，未能乍然遽忘。於僕初次探望時，在此所謂醫院者留醫，共有九人或十人，其中有生存者，有死亡者，內有一人似因消耗肌肉及痢疾而將死者，困處一隅。

其地位之廣闊，僅堪容其所眠下之木板，而高度復不足以企立。其間別有一房，中有一板，上臥兩不幸之人，奄奄待斃，並一屍體同臥其間。而泥地之上，滿注便溺。隔鄰之房，有工人焉。該院管理人謂，其人俱已死去，惟就驗之，其一尚屬生存。見之之苦力，不禁為之咒罵。其餘之房，住有淒愴而病骨支離之人，不能言動。其所披之破衣，似自入院以來未嘗一易，而其所遺矢溺，使見之者其不快之狀，不能喻以言也。

以上譯文，錄自《1896年調查東華醫院委員會報告書》中譯本第8頁，讀之可知當時義祠的慘狀。麥當奴當日即下令撫華道立即整理義祠。據威赫（T. H. Whitehead）事後整理麥當奴的記事冊，抄錄出1869年4月23日責令撫華道整理義祠的命令如下：

這種殘忍而埋沒天良的事，竟然在本城市出現，其震動整個世界，自屬必然。

這種義祠，或稱華人醫院的污穢與不道德，根據法理，撫華道實應負大部分責任。因為1858年第8號條例，撫華道有權而且應該為華人謀利益，（第4節規定）所有收容華人苦力及契約華工的客店及住屋，全部歸撫華道負責管理。又（該例第19節）撫華道同時負責發給牌照給這些屋宇以及負巡查之責，並禁止屋內有不道德和不守秩序的人，而且有權懲罰他們。

現在請撫華道將關於管理華人住屋規則一本交來，

並限於四十八小時內，若不能將所謂華人之醫院整理，
本人即當撫華道失職論處。

最好是帶同此命令往見總檢察官，請教他用最佳的
辦法停止所有弊端，並依律懲罰引致此事的人。

上文可見當時義祠醜聞事件確實令麥當奴十分震怒，他一方
面檢出 1866 年 5 月 23 日華人請求興建華人醫院的稟紙，認為這
次義祠事件，實由於缺乏華人醫院引致，因此便著那幾位熱心公
益的華人紳商，籌建華人醫院。

撥部分賭餉建東華醫院

上文說過，1869 年 7 月 12 日，理藩院副大臣蒙素爾訓令香港
政府，將賭餉脫離正常稅收項下，留作其他用途。麥當奴剛收到
訓令，便提議利用這筆賭餉，協助興建華人醫院。他致函請求加
連威老爵士（Lord Granville）協助，又向英國理藩院要求批准，於
是年 10 月 7 日，英國方面批准興建華人醫院。

當義祠事件由撫華道整頓之後，熱心公益的華人已於 6 月初
接到麥當奴的通知，籌建華人醫院。到了 8 月，全港華人已捐集建
院費 3 萬元，麥當奴接獲英國批准後，於 11 日將賭餉 1 萬 5000 元
撥給籌備委員會，並撥地著手興建，東華醫院就此建成。

東華醫院於 1870 年 4 月 9 日，由麥當奴於上環普仁街院址上
主持奠基，1872 年 2 月 14 日復由麥當奴主持開幕典禮並作致詞，

東華醫院收症大堂的內部結構

透露港府撥出的善款，全部來自賭餉。麥當奴的開幕詞，刊於當日的《孖喇西報》（*Daily Press*）上，《東華醫院創院九十年之沿革》第2頁有該報之譯文，錄出以供參考：

督憲謂是日非獨為華人社會極隆重之日子，而且為本港大眾居民極隆重之日子，蓋彼等現已將幾乎兩年前開始之工作完成，而回憶當年爵士未返英之前，此座樓宇，乃其經手奠基者也。爵士復以官場生活靡定，而且

人生命運無常，往往使人不能完成其開始之工作，然此次本督竟能參與盛會，在此結束其開始之工作，實覺出乎意外，真令其心快意滿。當彼等未知之前，他已開始此種工作，其時乃來港之後一千八百六十七年耳。迨至一千八百六十九年爵士與值理等目睹情形，遂勉力引導華人幫助政府完成此舉。

彼等亦當記憶昔日名為「義祠」之醫院，其內病人當垂死最需人幫助之時，亦完全無人料理，當日撫華道及彼得臣檢查官，發覺其情形如是令人難堪，以至激動

全社會之人，結果本醫院今日遂以成立。他深幸自此以
後必無此種有羞社會之情形發生，即捨棄垂死之人而不
顧也。凡人於孤寂垂死之時，其欲得親友之幫助，更為
需要，故此種情形，舉凡與此事有關之人，皆覺可恥。
且無論有人在中國任何地方行此惡事，亦可恥也。華人
有許多德性，但對於臨死之人，有一種恐怖與迷信之觀
念，遂至病人臨死時，捨棄其應盡之責任，此乃不近人
情之極也。但現在如有此種行為則罪無可恕，因現在孤
苦之人，有權入來本院，且華人對於此事，感觸如是之
深，他即使離港，亦深信彼等立意將此種惡習壓制，一
如政府之堅決也。

每年經費仍由華人設法籌募

　　他不得不言：謂社會對於本屆值理深戴大德，蓋所
需費用與及每年捐七千元，皆為彼等苦心籌集，該年捐，
彼等謂永遠將來支給本院經費，但現在斷難預算該經費
為若干也。現值理所擔承之責任甚大，此責任即凡貧人
之來請求者，將之收留或助以醫藥，或使之舒適而不收
費用，至將來有許多病人，其能負擔者，可以給費，用
以求多些舒適，而現在院中能供給彼等如此極妥當之房，
他覺得甚為歡喜。又謂他特別注重不干預華人所辦細事，

但仍然保留極大監督之權，與政府醫院乃由撫華道皇家外科醫生與政府所派人員一名巡查，且恐防院內事務辦理不善，或公款濫支，則可委派稽查員以查核之。而稽查員現已由政府派定，至若值理有謝絕不理，或放棄其莊重擔承之責任，則政府可立例將已發給之地，完全交回皇家管業，他之所以言及此件者，只因將一切可能發生之事，預先著想為善，非謂如此努力籌辦該事業之人，有能不將之繼續辦理者也。

他頃間遊覽院中各房，乃為第二次遊覽，他記憶關於溝渠佈置有些提議之外，其餘皆為彼等之工作，他極敬佩彼等之美滿工作。又謂無論建造家對於政府屋宇如何建築，本院亦無壞陋之工作，雖然，他深願政府可能發給較通風及較好之地盤與彼等，而他仍然不能謂該樓宇空氣不足，或光線不足，或有不合用之處。他尚望政府近來所建之醫院，其房內亦有本院許多佈置妥當之窗戶。他謂倘若彼等為此縷縷之所阻，他現下當即結束之，以圖補救，且末段又為特別動聽，故他用筆記之，以免遺忘。

彼等定能記憶當其奠基之時，他曾應允努力向女皇政府，要求將特別公款撥出一大部分，在一方面則用以救濟疾病及受難之華人，在其他方面則用以振興華人教育，今日彼等係為本計劃之第一部工夫，且慶幸女皇政府明白他所贊助之目的，及聞他言及近日華人社會中之有名望者，極喜歡與政府合作維持本港治安及保護生命

財產等，女皇政府深表贊同，自他到港之後，治安甚為
進步。現華人對於政府較前更為信仰，因彼等見政府之
宗旨，乃為最大部分民眾謀最大利益者也。政府決不因
種族不同，而立法互異，此即言凡外國人以為不文明之
習俗及有騷擾外國人者，政府決不容納，且舉凡對於物
質問題法律與公平問題商業及人道問題，彼等可斷定女
皇政府決不許有因種族而異之法律也。華人之中，亦富
有此種感覺，是以彼等開始了解政府，而政府亦了解彼
等矣。

　　現理藩大臣謂須由特別公款撥出一大部分，以改良
華人狀況，又撥出另一大部分以禁止罪惡，此款乃為警
察之用。至於特別公款之由來，乃華人不幸之嗜好抽出，
此嗜好即為賭博。現政府已達到將賭博限禁於一地，且
目下又欲將之完全禁絕，其計劃已在進行之中，且頗為
順利。至撥交醫院之款，乃一十一萬五千元，除彼等已
支一萬五千元及為整地用去之款外，尚餘九萬六千七百
零六元。末謂今日覺得極之歡喜，將此幾達十萬元之餘
款交與撫華道，代華人社會管理，他之所以擇撫華道而
交之者，乃因撫華道之外，他不知選擇何人也，他深望
眾生之上帝，降福醫院，且深信受難眾生，定能在此獲
方便誠意之救濟云。

　　麥當奴這篇開幕詞，除了透露他行將離職外，並指出協助興
建東華醫院的特別公款，就是來自這 4 年來的賭餉。當時英國只答

允撥款 11 萬 5000 元資助興建東華醫院，而這 11 萬 5000 元，還要扣除 1869 年撥出的 1 萬 5000 元奠基工程費，故當日麥當奴僅以 9 萬 6706 元交給東華醫院使用，這筆善款，又交給撫華道（即今日的民政事務局）保管。

4 年的賭餉，除第一年僅約 10 萬元外，其餘 3 年年均賭餉超過 12 萬元，合計當在 50 萬元過外，可見把賭博與行善兩者掛鈎之初，用於行善的款項亦不及賭餉的五分之一。

麥當奴在開幕詞中，亦透露賭餉的其他用途，即撥作警察經費以及改善華人狀況。

第五章 堅尼地的禁賭政策

1872 年，堅尼地繼麥當奴接任港督。在他任內，致力於禁止賭博，更首次修正 1844 年的《賭博條例》。當時香港的非法賭博又以新的形式出現，那就是用俱樂部的名義活動。

1872 年 1 月 30 日，柯士甸出示的禁賭告示，雖然是在麥當奴任內頒佈，但實際上報告禁賭政策的，是繼任的港督堅尼地。

柯士甸的禁賭文告，上一章已經將全文引錄出來，看起來十分可笑，因為文中並不承認公開承餉開賭是錯誤，反而說是頗有成績的德政。

這份禁賭文書，竟說自開賭以來，地方治安和社會秩序大有進步，又稱外商僕役盜竊僱主財物之事漸見減少，這些當然不是事實。官方文書往往說得冠冕堂皇，本來無可厚非。但從中可以看到，在開賭期間，闈姓、白鴿票、花會非常流行，否則文告的最末一段不會強調所謂賭博，包括這幾種項目在內。

但是，禁止公開承餉開賭之後，香港的賭博就絕跡了嗎？當然不會。禁賭之後，法院經常審理大小賭博案件，這說明賭博仍在流行。其中有一件賭案頗為有趣，載於法院檔案中。

禁賭後的離奇賭案

這件賭案發生於禁賭後數月。事緣 1872 年 7 月，駐港西班牙領事芝嘉（M. Leon Checa）與駐澳門秘魯領事布因納

（M. Forre Bueno），因賭債發生衝突，各不相下，兩人遂約定於7月29日，在華界九龍城地方舉行決鬥，雙方邀請親友到場見證。及期，芝嘉與布因納各持手槍一枝，手槍內只容一顆子彈，在場中相背站立，由證人高呼一、二、三；二人於是背道而行，各走25步，然後一同轉身開槍。當時布因納發彈不中，芝嘉發槍擊中布因納的左肩，得勝而去。布因納受傷不重，自行回家治療，數日之後已痊癒。這決鬥遂告一段落。

但是，事為香港總檢察官所知，以他們在香港相約決鬥，有違本港法律，故於8月25日拘控布因納和芝嘉兩人，送往高等法院審訊。結果法官判二人罪名成立，各罰款200元。

這雖是禁賭後一段小插曲，但也說明禁賭時期下賭風已一發不可收拾。兩位都是洋人外交官，卻因賭債而發生衝突，甚至以生命作賭注。被公開掀起的賭害，似乎不是一紙文告可以撲滅。

麥當奴離港之後，接任港督的堅尼地（Sir Arthur Kennedy）於1872年4月24日宣誓就職時，發表演說，略謂這次來香港履新，在英國曾接到英廷及理藩院大臣的訓令，命他來港整飭警察制度，以及禁絕賭博為重，希望市民和警察與港府合作，撲滅貪污及禁絕賭博。

查堅尼地在任內，的確曾盡力禁賭及撲滅貪污。雖然表面上似乎有些成績，但實際上並不怎樣有效。原來，當時賭博又換了另一種形式出現，這種形式就是「俱樂部」。

俱樂部（Club）是外國的產物，香港早期就有很多俱樂部成立，但都屬於外國組

屬行禁賭政策的港督堅尼地

織。這些俱樂部內，有酒飲、賭博，有些還有色情舞會。在堅尼地任內，華人組織的俱樂部便應運而生。

　　當時申請成立俱樂部非常容易，只要向撫華道申請即可。按照俱樂部的規則，本來只許招待會員入場，但當時的華人俱樂部並沒有嚴格規定，官府也沒有調查在俱樂部內耍樂的人全部是否會員。於是，賭館便以俱樂部的名義繼續存在。

麻雀館和天九館是俱樂部

　　麻雀館和天九館最初出現於這一時期的香港，以俱樂部的名義出現。如果沒有貪污，賭博便不能以俱樂部的形式出現，麻雀館和天九館也不會存在。所以堅尼地任內，雖說大力掃除賭博，及大力撲滅貪污，但他所掃除的多是從前公開招人「發財埋便」的賭館，只能撲滅公開收受賄款的貪官，並沒有掃除以俱樂部形式出現的賭館，更沒有撲滅隱蔽起來的貪污。

　　香港今日的麻雀館，其招牌多以「麻雀耍樂」（或「麻雀娛樂」）為名，為俱樂部的遺跡。至於麻雀館後來怎會變成麻雀學校，將在另一專章中討論。

修改賭例但不能禁絕賭博

　　在堅尼地任內（1872 年至 1877 年），俱樂部多如雨後春筍，

但他並未注意到很多俱樂部即變相的賭館，在 1876 年重訂《賭博條例》時，並未立例管制。順帶一提，他重訂《賭博條例》則是本港自 1844 年以來，第一次修訂《賭博條例》。

記得在麥當奴時代，有人提議修訂《賭博條例》，但麥當奴志在公開賭博抽餉，認為原有條例已足以管制賭博，是以沒有修正。堅尼地既以禁絕賭博為己任，於是他建議修正《賭博條例》。

為了便於研究麻雀館的設立，有必要將這條由堅尼地經手修正的《賭博條例》錄出，以供參考。但 1876 年的《賭博條例》於 1891 年再作修正，現存最早的《賭博條例》全文，僅為 1891 年版，但這 1891 年的條例，又於 1931 年馬會開辦賭馬彩票而作部分修正，大部分仍保持 1876 年時的原樣，在此錄出仍可供研究。該條例全文如下：

一八九一年第二號 Gambling Ordinance.

賭博條例

（按：1891 年第七號法例，後改稱第二號。是取締賭、博、競博、普通賭博場，以及彩票條例。是年 5 月 6 日公佈施行。為重訂 1844 年十四號、1876 年第九號、及 1888 年廿七號各條例。本例全文係 1936 年修正後之內容。以後經多次修正，均以此條例為藍本而成現行法例。）

第一條。本例定名為一八九一年賭博條例。

第二條。依本例規定。

（甲）「普通賭博場」。意指及包括任何地方開設

或辦理或用左列事項者。

（一）為有彩之博或共同混合為有彩及智能之博而有下開情事之一者。（子）設有莊家。由互博人中之一人或多人開賭。與其餘博賽人無關者。（丑）所博之彩。於互博人，莊家，開賭人，或賭博人不為同等沾惠者。（寅）賭博或中彩而抽取佣金或其百分率者。

（二）為一彩或多彩之博者。

（三）為與在場之人博賽者，或為收取金錢或有價品明示或暗示以保證，允許，或商定後來於任何情事或事件發生時，不論關於賽馬或其他賽跑，賽鬥，狩獵，體育，或運動而為有價值保證給予此項金錢或有價品者。

（乙）「賭博」。包括彩票賭博。

（乙乙）「博」。適用及包括第一項「普通賭博場」定義所載各項博賽。

（丙）「博具」。包括一切賭博或彩票所用器具。

（丁）「主持人」。意指及包括任何普通賭博場之臨時所有人或任何人表面上似為該處地方之管理人。暨其他以任何方法助理此項業務之人，或把風人，或包庇人。

（戊）任何地方有彩票售賣或分發或派彩均視為「開設彩票」。

（己）「彩票」。包括任何博賽或方法而以金錢財物依競賽或競博結果決定所得彩者。惟依 1931 年競博稅

條例規定之賽馬彩票。獨彩票及搖彩票。暨賽馬或馬會舉辦之一切馬票除外。

（庚）「地方」。意指及包括任何屋宇，房舍，事務室，代理處，舟車，或可以移動或不能移動之建築物或水陸地方等。

（辛）「街」。包括道路，途徑，碼頭，體育場，或其他空曠地方。[1]

第三條。凡尋常社交會所非為公眾所用而有用作第二條第一項規定之「普通賭博場」或屬於第二項定義或第三項定義所載各項情事之用者。應視為普通賭博場。[2]

第四條。凡依本例規定起訴之事件。不必證明在場賭博之人當時是否以金錢財物為博。

第五條。（一）凡任何地方之主人有明知故犯許可他人在各該地方開設，辦理，或用作普通賭博場者。應受簡易程序審判處分。得科一千元以下罰金。但依本條規定起訴。如未得總檢察官核准不得為之。

（二）依本條規定「主人」。意指及包括政府直接給予屋址所有人。不論有無官契或執照管業者。或該地業主。或前項所有人或業主因遠離或不能任事委託代理之代理人。

1　第二條各簡稱釋義，係經 1931 年及 1936 年修正，與 1876 年及 1891 年的條文，在字眼上略有出入。

2　取締會所條文，係於 1936 年第 5 號修正者。

第六條。普通賭博場主持人應受簡易程序審判處分。得科一千元以下罰金。兼處有期徒刑。但判處刑期不論是否因不遵繳罰款總共不得超過九個月。

第七條。（一）無論何人有下開情事之一者應受簡易程序審判處分。得科二十五元以下罰金。（甲）在普通賭博場賭博者。（乙）購受彩票者。（丙）在普通賭博場競博者或在普通賭博場交付或收受金錢或有價品如第二條（甲）項第（三）款所載者。

（二）凡售賣彩票或懷藏彩票意圖出售者。應受簡易程序審判處分。得科一千元以下罰金。

（三）凡依本例規定搜捕普通賭博場發見在場或逃匿之人。其人提出反證有據者除外，應視為有在場賭博之行為。

（四）凡發見懷藏彩票之人。其人提出反證有據者除外。應視為有彩票意圖出售者。

第八條。凡供給或墊支款項為普通賭博場開賭賭博或競博所用或為組設或辦理普通賭博場或彩票廠之用者。應受簡易程序審判處分。得科一千元以下罰金。[3]

第九條。無論何人有下開情事之一者。應受簡易程序審判處分。得科一百元以下罰金或處三個月以下拘押免除勞役。

3　為 1936 年第 5 號修正之條文。

（一）宣佈或標列中彩號碼，票號，圖式，記號，或其他彩票謝教單者。

（二）書寫印刷發行，或主使書寫印刷發行任何彩票或彩額謝教或其他關於彩票告白事項者。

（三）以語言文字或印刷品或圖式標號宣佈或印行，或主使宣佈印行，指明任何地方開設辦理或用作普通賭博場者。

第十條。治安委員以自己所知或按據告訴經稟報人宣誓證明。有充足理由疑及或認定任何地方為一普通賭博場者。該治安委員或由治安委員簽發搜查票（搜查票式樣如下表所列）飭令警察員弁率同屬員。按址入內。必要時得毀門而入。執行搜查。將場內各該人等加以逮捕。並檢執所有賭具，牌具，骰子，彩票，及其他賭博所用事物，連同一切賭博券據，賭款。有價證券，及該地方主持人身上所有銀物。前項賭具，博據，賭款，有價證券等物，於犯罪人成立罪狀後。得併沒收充公。[4]

第十一條。凡被疑為普通賭博場經依本例規定簽發搜查票。在場內檢獲之賭具，牌具，骰子，彩票，簿冊，及其他賭博所用事物暨在場者身上所有銀物（俟有提出反證者除外）於證明該處地方為普通賭博場而在場之人並曾賭博者。雖警察員弁或其屬員到場時。賭，博，或

4　同上注。

競博業已終止。然亦適用本例辦理。裁判司依法得飭令執行沒收充公或毀銷之。[5]

　　第十二條。無論何人有下開情事之一者。應受簡易程序審判處分。得科五百元以下罰金。或易處六個月以下有期徒刑。

　　（一）故意阻撓治安委員或奉行依本例所發搜查票人員進入任何地方或其一部者。

　　（二）妨礙或阻延前項治安委員或人員入內者。

　　（三）封閉或關鎖前述地方之內外門戶或出入孔道者。

　　（四）採用任何方法阻撓，妨礙，或阻延奉行前項命令之警察人員進入任何地方或其一部者。

　　第十三條。警察員弁奉行第十條規定命令執行搜查任何地方。而有故意阻撓妨礙或阻延入內者。或有封閉或關鎖各該地方之內外門戶或出入孔道阻止妨礙或阻延奉行前項命令之警察人員入內者。或通報警訊者。或各該地方而有賭博之設備者。或設置任何方法以藏匿，遷移，或毀銷賭博或競博用具者。（俟有提出反證者除外）於證明該處地方為普通賭博場而符合本例意義規定。則在場之人即為違法賭博之確切證據。

　　第十四條。（一）凡遵照第十條規定在場拘獲之人

5　同上注。

犯解案究辦時。裁判司依法得審問各該人犯傳作證人。
宣誓供述在場賭博，博賽，或競博各情形。或關於阻
撓妨礙或阻延警察或奉令執行人員進入各該地方或其一
部之行為。又凡遵照前項規定解送裁判司審問傳作證人
之人或隨後因他案解由裁判司或其他裁判司或法院審問
之人或因非法賭博，博賽，競博，或前述行為之公訴私
訴或其他民訴事件被訊之人。如因質訊前述情事拒絕作
答。以其所供有自陷於法為理由者。不得因此而受法律
之宥恕。

（二）前項被傳作證之人拒絕發誓或拒絕作
答。得適用裁判司或法院票傳或令傳證人到案程序辦
理。如未有合法或宥恕原因而拒絕發誓或作供者。得依
法懲治之。

第十五條。（一）前項被傳作證之人如能盡將所知
為真確及誠實之供述。得審問裁判司或按察司之滿意給
予證明書者。則以前其人對於此項情事應負之刑事責任
及刑罰。均得免除之。

（二）凡有前項賭博，博賽，或競博行為致
被提起民訴公訴或私訴事件。在任何一時期須待法院
審理者。或有因前項民訴公訴或私訴事件被傳作證在
任何一時期須待法院傳訊者。如有關於此項情事。其
人繳驗證明書以為證明。法院得停止各該民訴公訴或
私訴事件之進行。如因此受有訟費損失。得併由法院
飭令補償之。

第十六條。無論何人在街上賭博，博賽，競博，或為各該人等任把風者。應受簡易程序審判處分。得科二十五元以下罰金。或易處二月以下有期徒刑。[6]

第十七條。凡發見任何人在街上賭，博，或競博。所有博具，賭博券據，及一切賭款或各該人所有現金。得由裁判司下令沒收充公。

第十八條。所有依一九三一年競博稅條例及一九三三年與一九三四年競博稅修正條例授權辦理之事項。本例規定不得視為予以任何限制。[7]

第十九條。凡依本例規定成立犯罪行為之男性。如因年齡幼稚。執行治罪似宜朴作教刑較勝於治以尋常刑罰者。得依本條規定代以笞刑。[8]

從上錄的賭博條例可以看到，第二條甲項所指的普通賭博場的定義，是設有莊家，及從中抽水或抽取佣金或其百分率，或互博人、莊家、開賭人、或賭博人不為同等沾惠，即屬違例。第三條，特別指明「尋常社交會所」如有第二條所指各項行為，亦應視為普通賭博場。可見取締俱樂部式的賭館，是在 1936 年才辦理。

常言道「法律不外乎人情」，這話的實際意義，應該是說法律

6　第十三條至第十六條，均為 1936 年第 5 號修正之條文。

7　第十八條亦為 1936 年第 5 號所修正，此為配合馬會的競博稅條例而設，表示馬會各項賭博不受此條例所限制。

8　1903 年第 3 號法例為《重訂笞刑治罪條例》，規定小童犯罪得以笞刑代罪。

的訂立，不外是因為社會出現某種情況，然後才出現應付某種情況的法例。所以我們可從法例的歷史中，窺探當時的社會人情。社會出現俱樂部（會所）式的賭館，便制訂法例來取締，頗為合理。

　　但是法律常有漏洞，麻雀館能夠在本港存在，成為歷史悠久的賭場，就是在法律漏洞中產生。第六章將全面討論麻雀館的史實。

第六章
麻雀館與麻雀學校

麻雀牌始於明代，初名馬吊牌。五口通商之後，才流行於全國。香港是麻雀賭博的基地，不但傳至內地，亦傳到歐美。

麻雀館最初以俱樂部的形式出現，自 1872 年至戰後，從未取締。戰後初期，曾有人提議取締，其後反而給予合法化，稱為麻雀學校。

上面説過，香港的麻雀館，是在禁賭之後，賭博以俱樂部的形式出現時的產物。當堅尼地任內，俱樂部變相成為賭館，但他於 1876 年修訂 1844 年的賭博條例，並未著手管制俱樂部，直到 1936 年才修正條例，加以管制。照理説來，麻雀館應該也在這修正後的條例頒佈後加以取締，但是，為甚麼麻雀館卻能不被取締呢？

麻雀館以俱樂部形式出現

原來，本港初期的麻雀館的制度，與現時的麻雀學校不同。最初麻雀館並不是用抽水的方法取得利益。

初期的麻雀館並沒有麻雀學校牌照，只用俱樂部（會所）的方式經營。故此開麻雀館的，都是用收入場費的方式來抽水。

不要以為最初的麻雀館門口有人售賣入場券，更不可誤會，以為到麻雀館去「耍樂」要買入場券。所謂收入場費，就是坐下來時，先交若干款項給麻雀館。

收費的辦法是：每一個「圈」（轉門風開始）收費若干。譬如某甲進場，坐下來時是東風開始，職員便到來收費，於是四人都要交指定的數目給職員，然後開始玩牌。到了南風，職員再來收費，總之按逐個「圈」收費。即當轉門風時便收費。

當然，到麻雀館去打牌，任何人任何時候都可以進去。當你進去時，剛剛有人離場即坐下去，而那時恰是西風第二鋪，那就不必交費，因為這個西風，那離場的人已經交了費，你可以免費打到西風尾。然後由北風開始，才繳交指定的費用。

當時收費的辦法是這樣的，例如牌局是一毛二毛的，每人每一風收四仙。牌局是一元二元的，每人每一門風收四毫。如此類推。1876 年的生活程度很低，普通人多以一毫二毫為賭注，能出一元以上的賭客，已是豪客了。這種收費辦法一直維持到戰後。

這種收費形式便算沒有觸犯賭博條例，始終開麻雀館的並非莊家，他與賭博人並無博彩的關係，又不抽佣，也不抽取若干的利益，而各賭博者的利益，都是同等沾惠的。

麻雀館免費供應香煙，如果你在裏面玩上三個門風以上，你可以叫夥計提供咖啡或茶，甚至可以叫飯吃，不必付款，一切吃喝，全由麻雀館供給，這就是共同賭博者都有同等的沾惠。

根據 1876 年的《賭博條例》所規定的普通賭場定義，有莊家或從中抽水，以及互博人不為同等沾惠，才算是普通賭博場。當時的麻雀館並沒有莊家，開設麻雀館的人名為「頭家」，所謂「頭家」即為管理人，他只是收入場費，等於租借地方給進來打麻雀的人，而他又供給香煙吃喝來招待「來賓」。所以完全不觸及那條《賭博條例》。

　　當時法律界曾經研究過，假定甲乙丙丁四人相約到酒家去作雀局，用普通朋友間作局的方式抽水應付開支，這就違犯了賭博條例，因為他們構成了「不為同等沾惠」的行為。理由是，又假定阿甲贏了錢，阿乙阿丙阿丁三個都輸了，這頓雀局菜的開支便是輸方支付的，而阿甲「又食又拎」，就是互博人不為同等沾惠，等同違法了。

　　相反，麻雀館裏，甲乙丙丁四人所吃喝的，都由麻雀館供給，他們共同支付同等費用，是同等沾惠的行為。因此，麻雀館在當時並未被取締。

　　不過，當時並沒有檢控那些在酒家作雀局的人，因為，當時官民一致認為打麻雀就是傳統娛樂，既沒有取締麻雀館，也未檢控過在酒家打麻雀的人。

　　打麻雀被當作民間傳統娛樂，這說法也是有歷史根據，下文這裏不妨談談打麻雀的歷史。

麻雀牌古稱馬吊牌

　　麻雀牌古稱馬吊牌，又稱馬將牌，相傳始於明朝天啟年間（1621 年至 1627 年），據說麻雀牌是馬吊牌及默和牌演變而成。徐珂在《清稗類鈔》說：

> 麻雀，馬弔之音之轉也。吳人呼禽類，如刁，去聲讀，
> 不知何義？則麻雀之為馬弔，已確而有徵矣。

又杜亞泉以筆名「傖父」，於 1932 年著《博史》，對麻雀的源流研究甚詳。其第十一節云：

馬將牌始於何時，不能確定，但當較默和牌略後。默和牌始於明之末造，則馬將牌之改作當在明亡以後矣。相傳謂馬將牌先流行於閩粵瀕海各地及海舶間，清光緒初，由寧波江廈延及津滬商埠。大約明亡以後，達官貴冑及其宗親子弟，各奔於浙閩兩粵之海上，故流傳此牌。清乾隆年間尚流行默和牌，未加將牌。乾隆以後，花和牌盛行。亦無人顧問。五口通商以後，海舶多聚於寧波江廈，各省賈客流寓江廈，繁盛過於上海，演習馬將者遂日眾。此時已改製骨牌，且加梅蘭竹菊，琴棋書畫等花張稱為花馬將，逐漸流行，由津滬波及全國，蓋已五十餘年於茲矣。

這一段短短的考據，已說明麻雀牌的流行和五口通商有關。只是杜亞泉沒有研究香港的賭博史，不知麻雀牌流傳全國背後，實與香港有關，由於五口通商因鴉片戰爭而起，而香港則是五口通商主要轉運站。麻雀牌既先在閩粵流傳，而借五口通商以流傳入內地，所以它的基地是在香港。

現在先談談麻雀牌的沿革。上引徐珂《清稗類鈔》說麻雀牌為馬吊牌一音之轉，杜亞泉《博史》又說麻雀牌是由默和牌改作而成。綜合所述，就是先有馬吊牌，然後由馬吊牌變成默和牌，再由默和牌變成麻雀牌。麻雀牌本為紙牌，其後改成骨牌，再加

梅蘭竹菊等「花牌」而成花麻雀牌。接著，我們先從馬吊牌説起。

　　馬吊牌出自明代，民國初年各地通行的紙牌還存有它的遺制，可見最初的馬吊牌是紙牌而不是骨牌。同時，馬吊牌共 40 張，而不是現在麻雀牌的 136 張。怎見得麻雀牌是由馬吊牌變化而成的呢？我們先從馬吊牌的制度説起。

　　馬吊牌共 40 張，分為四門，即「十字」一門，「萬字」一門，「索子」一門，「文錢」一門，圖案是《水滸傳》中的人物。據明朝嘉靖年間（1522 年至 1566 年）潘之恆的《葉子譜》一書，分錄出馬吊牌的體制如下：

這是明代末期的麻雀牌，最初是紙製，後來改用骨製。

萬萬貫	上繪宋江像，長髯
千萬貫	上繪行者武松
百萬貫	上繪阮小五像
九十貫	上繪阮小七像
八十貫	上繪美髯公朱同像
七十貫	上繪病尉遲孫立像
六十貫	上繪雙鞭呼延灼像
五十貫	上繪花和尚魯智深像
四十貫	上繪黑旋風李逵像
三十貫	上繪青面獸楊志像
二十貫	上繪一丈青扈三娘像

以上 11 張牌，稱為「十字」門，沒有「一十」，由「二十貫」開始，據《葉子譜》説：這是十舉成數，所以一不必採用，而用「二十」開始，沒有「一十」。至於「九十」而升為「百萬」、「千萬」、「萬萬」，這是「數之成也」的原故。《葉子譜》又將「萬字」門 9 張牌列出，並指出這 9 張牌都有《水滸傳》人物圖案，其分配情形如下：

九萬貫	插翼虎雷橫
八萬貫	急先鋒索超
七萬貫	霹靂火秦明
六萬貫	九紋龍史進

五萬貫	混江龍李俊
四萬貫	小旋風柴進
三萬貫	大刀關勝
二萬貫	小李廣花榮
一萬貫	浪子燕青

索子是繩索筒子也是銅錢

以上 9 張牌，加上「十字」門的 11 張牌，共 20 張，都是有《水滸傳》人物圖像。至於「索子」門則只有 9 張牌，並沒有人像圖案，只繪上當時用以穿連銅錢的索子。索，即繩索之謂，古時用繩索穿銅錢。現在的麻雀牌也有「索子」，亦有「萬子」，可見麻雀牌是由馬吊牌變化而成。不過馬吊牌的「索子」配搭形式，和現在麻雀牌的形式有別。茲根據《葉子譜》列出，以供參考：

九索	下面四條，中四條，上一條
八索	下面四條，上面四條
七索	下面三條，中間三條，上斜
六索	上三條，下三條
五索	如艮卦狀，即上二中一下二
四索	如雙珠環，即左右各二條
三索	如品字，即上一條下二條

二索	如折足，即上下各一條
一索	如股釵

從馬吊牌「索子」的形式，可見和今日流行的麻雀牌分別不大，不同者是九索、八索及一索。五索馬吊牌是橫形如艮卦形，如今改成豎形。

至於「文錢」門，則共有 11 張，這 11 張牌的分配，由半文錢到九文錢，另加一張空白。「文錢」門各牌也沒有人像圖案，而以銅錢為圖案，可證今日麻雀牌中的「筒子」由馬吊牌的「文錢」變化而成，並據《葉子譜》列出其形式於後：

九錢	如三疊峰，即三個分三疊
八錢	如玉塊，即四個分兩行
七錢	如北斗七星形
六錢	如坤卦形，即兩個分三疊
五錢	如五嶽真形，為二一二
四錢	如連環
三錢	如乾卦，即三個直排
二錢	如腰鼓
一錢	如太極
半文錢	如一枝花，花實各半
尊空沒文	原貌為波斯進寶，矮足穿黑靴，上標「空一支」三字，或題「矮腳虎」三字

　　從上表可以看到，「文錢」是麻雀「筒子」的前身。今日麻雀牌的「筒子」，其圖案已失去銅錢的原意，但外觀可見是由銅錢的形狀變化出來；又「白板」實為「尊空沒文」變化出來的；而「發財」，即是「半文錢」變化出來的，因「半文錢」圖案為一枝花，花中有實，表示「花發」的意念。

　　馬吊牌整套的形制，完全是用銅錢的形制配合而成。由空沒一文而到萬萬貫，加上串錢的繩索配成，整套牌局都是充滿銅臭。故明代黎遂球在《運掌經》內一針見血地說：

　　　　……必以錢、索、十萬為其類之名者，人之所以重惟利，可以勝人惟利，慧者得利以興，愚者因利以亡。凡五行之金，皆能殺人，不其然乎？有以殺人者也，有聚之而適以自殺者也。

　　　　……是故署之以宋江之徒者，必勇敢忠義，然後可勝；而又非徒讀書者所能知也。故署之以不知書之人。

　　至於馬吊牌的賭法，這裏不便細表，總之，是四個人一同玩的賭具，一如麻雀牌需要四個人入局。由於只有40張牌，每人先取幾張，餘下8張留在中央，各人出牌，互相比鬥。因牌有大小，大牌吃小牌，以智取勝。據說馬吊牌在清初仍盛行，到乾隆年間（1736年至1796年）才禁絕，代之而興的是默和牌與碰和牌。那是一種沿用馬吊牌體制的賭法，而且接近於麻雀牌的賭法了。

　　默和牌又是甚麼呢？據乾隆時金學詩的《牧豬閒話》描述默和牌的情形如下：

今之紙牌，形製調度，前人未有著錄者，大約仿馬弔牌而損益之。疑始於明之末造，而盛行於今世。雖鄉僻處無地不有，非甚謹願者無人不曉，較馬弔牌奚啻十倍！紙牌長二寸許，橫廣不及半，繪畫雕印，凡六十頁為一具。具各有耦，共三十種，分為三門：曰「萬貫」，曰「索子」，曰「文錢」，皆自一至九，共二十七種，餘三種曰「么頭」。其一萬貫，一索子，一文錢亦曰么頭。萬貫皆繪人形，索子文錢則各繪其形製。聚客四人，案設廝觚，乃出戲具，拈一人為首，以次抹牌，每人各得十頁，謂之「默和」。餘二十頁，另一人掌之，以次分遞在局者，謂之「把和」亦曰「蠱角」，因其在座隅也。其法以三四頁配搭連屬為一副，三副俱成為勝，兩家俱成以拈在先者為勝。凡牌未出皆覆，既出皆仰，視仰之形，測覆之數，以施幹運，則在神而明之。

由默和牌演變成麻雀牌

由此可見，默和牌已很接近於麻雀牌了。首先是默和牌已將「十字」一門刪去，只剩下「萬字」、「索子」和「文錢」三門，這和麻雀牌中的「筒、索、萬」三子差不多了。其次是每門一律改為九數，即由一萬至九萬，一索至九索，一文至九文。另加三種「么頭」，這是以後演變為「中、發、白」三門的根據。同時，默和牌每一子各有兩張，其中所謂「三四頁配搭連屬」為一副，

我們現在雖然無法考證怎樣才算配搭連屬，但可想像，當和今日麻雀牌的同一色子順序相連算作一副，沒有多大差別。

由默和牌加以變化，成為碰和牌。碰和牌是將默和牌加多一副，即由 60 張牌，變成 120 張牌，便成碰和牌。《牧豬閒話》說：

> 又或於（默和牌）六十頁之外，更加一具為一百二十頁，則每種各四頁；或更加半具為一百五十頁，則每種各五頁。可集五六人為之，每人各得二十頁以外，其餘頁皆掩覆，次第另抹，以備棄取，名曰「碰和」。原本「默和」之法而推衍之。抹得三頁同色者曰「坎」，曰「碰」，四頁同色者曰「開招」，五頁同色者最難得，曰「活招」。相傳謂前朝人囹圄中所製，故有此等名目。或就其中數頁，閒塗以金，抹得者以一頁當二頁，謂之「碰金和」。明末士大夫多好之。又有曰「獻」曰「闖」之目，方言俚語，不能具舉，而識者以為流寇之讖，亦異聞也。

現在流行麻雀牌的術語，四張同色的牌稱「開槓」，與碰和牌的「開招」實已相同。三頁同色者曰「坎」，今粵語亦稱「坎」，相同了。一對牌在手，別家打出一張相同的牌叫，這也相同。而吃牌叫「食糊」，與「碰和」實一音之轉，可見麻雀牌由碰和牌演變而成。至於怎會變成今日麻雀牌的形制，據說是太平天國時期改成。《清稗類鈔》有《叉麻雀》一條，載云：

> 粵寇起事，軍中用以賭酒，增入筒化、索化、萬化、

天化、王化、東南西北化、蓋本偽封號也。行之未幾，
流入寧波，不久而遂普及矣。

上文引杜亞泉的《博史》，指出麻雀牌先在粵閩間流行，《清
稗類鈔》又說麻雀牌是粵軍軍中流行的賭具，將兩者互相印證，
當知麻雀是在鴉片戰爭後至太平天國期間，在廣東開始流行，這
期間，香港並不禁打麻雀，而且認為這是民間傳統娛樂。有理由
相信，麻雀牌從五口商埠流傳入內地，主要從香港流傳出去。

取締麻雀館變成麻雀學校

清末，麻雀牌在歐洲和美洲已極流行，本港製造的麻雀牌輸
往歐美，已成主要出口的商品。這種麻雀牌多附有阿拉伯數目字，
形式略有變更。這個時期，歐美均有專書介紹打麻雀的方法。直
到今日，香港每年仍有大量麻雀牌外銷世界各地，實在是麻雀牌
外傳的主要基地。

說過了麻雀牌的歷史，再說香港麻雀館的演變史。上文說過，
從 1876 年開始，麻雀館即以俱樂部的形式出現，到了 1936 年修
正《賭博條例》時，雖對俱樂部加以管制，但因麻雀館藉著收入
場費來抽水，互博人當由皆有同等沾惠，故此未受取締。

戰後初期，港府有取締麻雀館的動機，但取締的主要因素，
並不視為一種賭博場所，而認為麻雀館的聲浪會擾人清夢。原來
當時麻雀館通宵營業，而在麻雀館裏打牌的人，無不高聲呼喝、

牌聲劈拍，著實使人討厭。港府授權警務處辦理這件事。

當時全港九的麻雀牌老闆，向警務處請願，自動提出取消通宵營業，以及制訂一些法規，例如限制未成年人士進內等等。結果獲得批准，並發給牌照。不知是哪一位師爺的傑作，將麻雀館譯作 Mahjong School，變成了「麻雀學校」。香港從前是把學校叫作「書館」的，這個館字的英譯，可能就是從「書館」得來的靈感。

麻雀館由此時開始，取得合法地位，他們一方面遵照各種規定，例如不准許 18 歲以下人士進入，以及每天由正午 12 時開始營業，至午夜 12 時停止營業；另一方面，卻乘機改變收費的辦法。從前是每一個門風每人收費若干，這時卻改為「食糊」的抽水。

抽水的方法，視牌局大小而定，以 1 元為例吃糊的抽水 4 毫，無論吃的是「雞糊」或是一番甚或兩番，都是抽水 4 毫。如果是 5 元的牌局（行內稱為五元十元）吃糊的每一鋪抽水 2 元。這種抽水方法，較從前的每個門風每人交費，表面上似乎沒有多大分別，實則比舊的方法有利，因為一個門風平均雖然可算作四鋪牌，但實際常常由莊家吃糊，長莊不過莊便不換門風，抽水自然少許多，採用新方法抽水，麻雀館收益增加了。故此開設麻雀館的數目，年年都有所增加。

從前的麻雀館，設備非常簡陋，自 1960 年代開始，麻雀館多裝設空氣調節設備，內部裝修也華麗而堂皇。到了 1970 年代，新型的麻雀館紛紛崛起，裏面滿鋪地氈，麻雀枱也以名廠的傢俬代替，有幾間新型麻雀館，並且聘了穿上紅色制服的印籍或巴籍的司閽者在門外守候，有高級夜總會的氣派。

第七章 天九、牌九、骰寶

天九的歷史比麻雀悠久，是宋徽宗趙佶所發明的，故稱宣和牌。牌九是利用天九牌作賭具的賭博，清末才出現。骰子古稱投子，唐朝已流行。骰寶更晚出，民初始見。

香港有合法的天九館，領的是麻雀學校牌照，在九龍有幾間以「天九娛樂」為招牌的賭館。牌九因有莊家及派彩，視為非法。日佔時代公開賭博，骰寶才在香港盛行，但不及番攤般受賭徒歡迎。

原來，天九館也和麻雀館一樣，都是在同一時期的產物。俱樂部可以打麻雀和打天九，以俱樂部形式出現的初期麻雀館，自然也可以打天九。相沿下去，至今有些麻雀館也可以打天九，有些天九館也可以打麻雀。麻雀和天九，都被視為「民間娛樂」。所以麻雀館和天九館同時取得合法地位。

但是，「牌九」則是被視為非法的賭博。牌九雖然也是用天九牌來作賭具的，惟在天九館內卻不能賭牌九。

非法與合法的分界線是莊家

無論打麻雀還是打天九，都需要用三顆骰子來作輔助工具。骰子在香港到處可買，並不算作非法賭具。但是，同樣用三顆骰子作賭具的「骰寶」，則被視為非法賭博。

　　合法與非法的分界，在於 1891 年《賭博條例》第二條的規定：
就是包括有莊家、有派彩，互博人與莊家不為同等沾惠，莊家抽佣
或其百分率作為收益等等。天九與麻雀雖有莊家，但這莊家只不
過是一種記號，莊家不抽水，也不派彩，是以不算違例。但是牌
九和骰寶就不同了，牌九的莊家有賠有殺，骰寶的莊家亦然，所
以這兩種所用的賭具雖隨處可買，但因賭法不同，就視為不合法。

　　天九牌的歷史比麻雀牌還悠久，它是宋朝宣和年間（1119 年
至 1125 年）創設的賭具，故此又稱「宣和牌」；據說是宋徽宗趙
佶時發明的，其後由宋高宗趙構下旨頒行天下，來頭不容小覷。

　　天九牌和骰子有血緣關係，研究這兩種賭博的歷史，便知天
九是從骰子變化出來的。現在通行的骰子為正方形，共有六面，
即么二三四五六，試將兩顆骰子互相配合，即成天九牌的形制。
如兩顆是六，便是天牌；兩顆是么，便是地牌。有人說天九牌牌
面點數的安排，是根據蠍子背上的花點結構創製而成，這不過是
附會之詞罷了。

　　天九牌既是用兩顆骰子配合而成，即是先有骰子然後有天九
牌。然則骰子是甚麼時候才有的呢？有人說是曹植所發明的。《辭
源》內有「骰子」一條，記云：

　　　　賭具也。以骨為質，成正方形，六面分刻一二三四
　　五六之數。擲之以所見之色為勝負，故亦稱色子。相傳
　　為魏曹植所造。本止有二，謂之投子，取投擲之義。質
　　用玉石，故又謂之明瓊。唐時加至六，改以骨製，始有
　　骰子之名。溫庭筠詩：玲瓏骰子安紅豆，是也。

照《辭源》的說法，骰子本來叫作投子，因為這是拿起來投擲，是以名投，初時是用玉石製成，其後改用骨製，才別創一新字——骰。今廣州話讀骰字為色音，骰子稱色仔，這個色字音並不錯，而且是古音，因為古時擲投子以色分勝負，故稱為色子。

照杜亞泉在《博史》中指出，骰子並非曹植所發明，因為在戰國時代，已有這種東西，不過當時不稱骰子，而稱為「塞」，呈欖核形，只有其中一面刻有點數，用木製成，一共五枚，故又稱為五木或五采，這是骰子的雛形。初時的塞和五采，是用作行棋的輔助工具，即先擲五采然後行棋，五采分「塞、白、黑、五、繩」五種符號，擲得塞即行棋一步。五采（或稱塞）一直流傳到漢代。《後漢書·梁冀傳》注中引鮑宏的《博經》云：

> 用十二棊，六棊白，六棊黑。所擲頭謂之瓊。瓊有五采，刻為一畫者謂之塞，刻為兩畫者謂之白，刻為三畫者謂之黑，一邊不刻者五塞之間，謂之……

唐明皇賜四點鬃上紅色

骰子一開始，即以輔助工具出現，並不成為獨立的賭具，後來由棋藝進化成為獨立的遊藝，才擺脫骰子。骰子到了南北朝時，由欖核形改為正方形，才成今日的形制。它一方面仍是其他賭博的輔助工具，另方面也發展為獨立的賭具。據說初時骰子的六面，

只有么是紅色，其餘五面都是黑色，今日骰子的四點是紅色，說來也有一段趣事，和唐明皇與楊貴妃有關。據說當時唐明皇與楊貴妃擲骰子賭博，唐明皇擲下三顆骰子，看來將要輸了，但其中還有兩顆骰子仍在團團的轉著，假如這兩顆轉動的骰子是四的話，就可以反敗為勝。唐明皇大聲呼四，結果，兩顆骰子真的是四，因此唐明皇下令以後將四點改為紅色。這段趣事，唐人潘遠《西墅記談》記云：

> 骰子飾四以朱者，玄宗與貴妃采戰，將北，唯重四可轉敗為勝。上擲而連呼叱之，骰子宛轉良久，而成重四。上大悅，命將軍高力士賜四緋。

以上是骰子的演變史。至於天九牌，又怎樣產生出來的呢？

天九牌古今牌名圖表

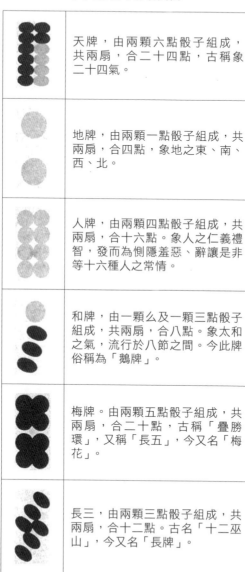

	天牌，由兩顆六點骰子組成，共兩扇，合二十四點，古稱象二十四氣。
	地牌，由兩顆一點骰子組成，共兩扇，合四點，象地之東、南、西、北。
	人牌，由兩顆四點骰子組成，共兩扇，合十六點。象人之仁義禮智，發而為惻隱羞惡、辭讓是非等十六種人之常情。
	和牌，由一顆么及一顆三點骰子組成，共兩扇，合八點。象太和之氣，流行於八節之間。今此牌俗稱為「鵝牌」。
	梅牌。由兩顆五點骰子組成，共兩扇，合二十點，古稱「疊勝環」，又稱「長五」，今又名「梅花」。
	長三，由兩顆三點骰子組成，共兩扇，合十二點。古名「十二巫山」，今又名「長牌」。

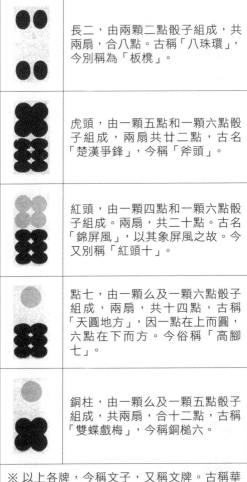

	長二，由兩顆二點骰子組成，共兩扇，合八點。古稱「八珠環」，今別稱為「板櫈」。
	虎頭，由一顆五點和一顆六點骰子組成，兩扇共廿二點，古名「楚漢爭鋒」，今稱「斧頭」。
	紅頭，由一顆四點和一顆六點骰子組成。兩扇，共二十點。古名「錦屏風」，以其象屏風之故。今又別稱「紅頭十」。
	點七，由一顆么及一顆六點骰子組成，兩扇，共十四點，古稱「天圓地方」，因一點在上而圓，六點在下而方。今俗稱「高腳七」。
	銅柱，由一顆么及一顆五點骰子組成，共兩扇，合十二點，古稱「雙蝶戲梅」，今稱銅槌六。
※ 以上各牌，今稱文子，又稱文牌。古稱華牌。以其每兩扇之點數排列，都是一樣，和以下的「雜牌」、「武牌」、「夷牌」有別。	
	紅九，由骰子四點及五點組成，只一扇，古無特別名稱，與下面的黑九成一對，稱為雜九。

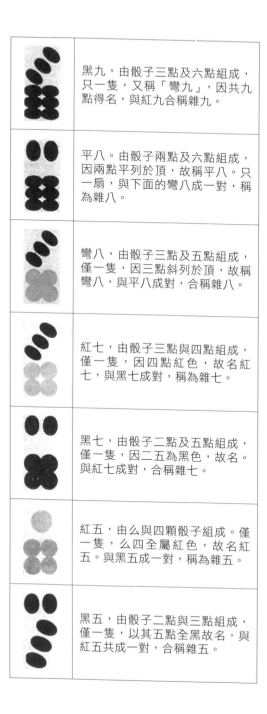

黑九，由骰子三點及六點組成，只一隻，又稱「彎九」，因共九點得名，與紅九合稱雜九。

平八。由骰子兩點及六點組成，因兩點平列於頂，故稱平八。只一扇，與下面的彎八成一對，稱為雜八。

彎八，由骰子三點及五點組成，僅一隻，因三點斜列於頂，故稱彎八，與平八成對，合稱雜八。

紅七，由骰子三點與四點組成，僅一隻，因四點紅色，故名紅七，與黑七成對，稱為雜七。

黑七，由骰子二點及五點組成，僅一隻，因二五為黑色，故名。與紅七成對，合稱雜七。

紅五，由么與四顆骰子組成。僅一隻，么四全屬紅色，故名紅五。與黑五成一對，稱為雜五。

黑五，由骰子二點與三點組成，僅一隻，以其五點全黑故名，與紅五共成一對，合稱雜五。

	平六，由骰子兩點與四點組成，僅一隻，又稱「大雞」，因與下面的么雞成對，故稱此為「大雞」。亦稱「大雞六」。
	么雞，由骰子一點與二點組成。亦僅一隻，與平六成對，稱為「至尊」，因又稱為「細雞」，亦稱「雞仔」。

※ 以上各牌，因各僅一扇，以同點合成一對，而一對牌之點數排列不相同，故名雜牌，又稱雜子，今稱武子，古名夷牌，謂非正統之牌。

清代研究賭博的人不少，據汪師韓在《談書錄》中說：「骨牌之戲，乃骰子之變，故《宣和譜》以三牌為率，三牌乃六面也。」他認為天九牌是由骰子變化而成的，而最初的天九牌就是宣和牌。然則宣和牌是怎樣的呢？據陳元龍的《格致鏡原》引《諸事音考》這一書說：

宋宣和二年，有臣上疏設牙牌三十二扇，共記二百二十七點，以按星辰布列之位。譬「天牌」二扇二十四點，象天之二十四氣；「地牌」二扇四點，象地東西南北；「人牌」二扇十六點，象人之仁義禮智，發而為惻隱羞惡，辭讓是非；「和牌」二扇八點，象太和元氣，流行於八節之間；其他牌名，類皆合倫理庶物器用。表上，貯於御庫，疑繁未行。至宋高宗時始詔如式頒行天下。

這段記載，把天九牌的體制，說成與天文、地理、倫理等事有關。用現代的觀點去看，當知道宋高宗趙構把這種賭具頒行天下時，不能不找個藉口，最佳的藉口莫如說，它符合倫理觀念，又符合節氣天象。這和今日鼓勵賭博的執政者，說合法賭博符合公眾利益是同一道理。

宋代的宣和牌即今之天九牌

宣和牌說是天九牌，道理顯而易見，雙六共十二點稱為「天牌」，兩隻共二十四點；雙一兩點為「地牌」，兩隻共四點；雙四八點為「人牌」，兩隻共十六點；一三四點為「和牌」，兩扇共八點；這已經是天九牌的體制了；而天九牌一共 32 張，與宣和牌的張數相同。現在流行的天九牌分文武二子，文子由「天牌」至「銅槌六」，武子為雜九、雜八、雜七和雜五，另有二四和一二合成的一對，稱為「至尊」；但古時不稱文子和武子，而稱華隊與夷隊。華隊即今日的文子，夷隊即今日的武子，這只是稱謂上的不同。明末，潘之恆作《續葉子譜》，開始不用宣和牌之名，而直稱為天九。中有談鬥天九的一章，錄出可供比較天九牌古今名目的變化，而知天九牌的演變史。《續葉子譜》云：

> 天九鬥法，用舊牌三十二片，分為五隊，而正雜之別，為華夷界焉。三六、二六以點不齊，黜而夷之。凡華得二十有二，而夷得十。華隊成三，而夷惟二。華何

所尊，尊天也。故天牌居華首，執者無敵，雙出者賞四
壽，長六是已。而地人和次之，為前隊。次選累色牌，
首長五，次長三、長二為中隊。而聽制於前，單則單制，
雙則雙制，各以序；惟單能破雙，令長六不得成功者有
之矣。次取對色五六、四六、么六、么五為後隊，而聽
制於中，單雙相制如前。而前隊亦不得相越以制，不務
勤遠也。然自天牌以下，無殊賞，以牌計籌而已，示權
無所分也。夷何所尊，尊九也，故九居夷首，執者雙出，
亦稱無敵，賞四籌，與華同，三六、四五是已。次以點
對，二六、三五稱「八」、二五、三四稱「七」，么四、
二三稱「五」，各為偶相屬，為正隊。而二四、么二獨
以外夷鄙之。然自九以下，各相為制，如華例。其行陳
大略如「看虎」法，三人行，各取九，餘五為營；二人行，
各取十三，餘六為衛。營衛以伏，故莫得窺。善兵者交智，
善戰者伐謀，此之謂也。

　　我們不必研究這種古代鬥天九的方法，只研究各種牌色的名
目。所謂「正雜之別，為華夷界焉」，就是將天九牌分為華與夷兩
種，怎樣分法呢？因為三六、二六以點不齊，所以黜而夷之，稱
為夷隊的牌，即今日習稱的武子，又稱雜子。原來，三六為九點，
四五亦為九點，這兩對牌，點數不齊，雖然同是九點，也當它是
雜種，所以用夷字稱呼它。其他如二六、三五同是八點，這是
「雜八」，二五、三四同是七點，這一對稱「雜七」，二三、一四
為五點，也是點數不齊的一對，稱為「雜五」。這就是後來分為文

武子的張本。

今日打天九牌，仍以天地人和四隻牌稱為大牌，《續葉子譜》說這四張牌為「前隊」，亦可以看到演變的痕跡。至於其他各牌，則以「累色牌」稱之，所謂累色牌，就是「長五」、「長三」、「長二」。它稱為中隊牌。「長五」就是兩隻五合成的牌，今稱「梅牌」；「長三」是兩隻三合成的牌，今仍稱「長三」；「長二」是兩隻二點合成的牌，今稱「板櫈」。可見今日仍留有明代天九牌的遺制。

至於其他的牌，《續葉子譜》稱為「對色牌」，所謂對色牌，就是「五六」、「四六」、「么六」和「么五」四種。「五六」今稱「虎頭」；「四六」今稱「屏風」或稱「紅頭十」，「么六」今稱「高腳七」；「么五」今稱「銅槌六」。

明未有「至尊」清代始有

但是《續葉子譜》對於「二四」、「么二」兩張牌，則稱「獨以外夷鄙之」，可見明朝賭天九還未有「至尊」一稱，今日流行的天九牌，以這兩張牌合成一對稱為「至尊」，即天牌一對亦要退避，把這對牌稱為「至尊」，相信是到了清朝中葉才盛行。清人金學詩《牧豬閒話》記述清中葉打天九牌的方法，有如下一段：

> 天地人和為「大牌」，十二巫山、疊勝環、八珠環為「長牌」，雙蝶戲梅、天圓地方、錦屏風、楚漢爭鋒為「短牌」，以上總稱為「文牌」。九八七五四對為「武

牌」。么二、二四雙扇為「至尊」，單扇亦稱為武牌。

這裏開始有「至尊」的稱謂，而且已經演變成文牌和武牌兩種了。不過有些稱謂仍須解釋，例如「十二巫山」，這是指一對「長三」而言，因為兩張長三共十二點，「十二巫山」正是它的雅稱，「疊勝環」就是長五，即今稱的梅牌，因為五點的形式和當時流行的一種玩具「勝環」相似，兩隻五點便是兩個勝環相疊。「八珠環」就是一對長二，即一「板櫈」。「雙蝶戲梅」是一對「一五」，即今稱的「銅槌六」。兩點紅色的，和兩隻梅花五合起來，就如「雙蝶戲梅」，至於「天圓地方」，就是指「一六」，即今稱「高腳七」的牌。至於「錦屏風」就是「紅頭十」，這對牌有如一對屏風一樣，餘下的「楚漢爭鋒」，應該是五六合成的「虎頭」。

牌九用天九牌作賭具，本有大牌九與小牌九之分。大牌九是四張牌為一組，小牌九以兩張牌為一組，賭法和天九差不多，用點數分勝負。但在香港，小牌九不流行，一般秘密賭館的牌九檔，賭的是大牌九。

香港牌九檔多附設攤館內

考牌九的歷史並不悠久，相信是在道光年間（1821 年至 1850 年）才開始有的。到了光緒年間（1875 年至 1908 年）才流行。遍覽清人研究賭博歷史的書籍，都沒有賭牌九的記載，足見是較天九為後起的一種賭博。香港甚麼時候才有牌九，已無法考證，但在

1897 年 6 月 21 日，本港破獲龐大警員包庇私開賭博案，案中的賭館除番攤之外，已有牌九之設。這件龐大私賭案，引致英警 14 人、印警 38 人、華警及通事 76 人，分別受到處分，成為香港賭博史上最著名的賭博貪污案。

1897 年的龐大警員包庇私賭案，案中透露在大笪地與水坑口一帶的賭館，其中有番攤也有牌九，牌九設於番攤館內，位於賭館最後的地方。這種攤館附設牌九的制度，一直是私開賭館的特有形式，此後凡破獲賭館，差不多都是一樣。攤館內附有牌九檔，至今這種制度仍然盛行。

牌九檔附設於攤館之內，主要原因是可以減輕皮費，凡非法賭館都必有人包庇，包庇者索取的金錢相當巨大，開賭者常感只開一種賭博，不易應付包庇者所需，因此便在賭館內多設一種賭博，尤其牌九較易增加收入。

說起牌九的抽水方法，與番攤不同。番攤是由主持人做莊，買中了才逢十抽一。任何人玩牌九都可以做莊，無論是莊家贏了或其他賭客贏了，一律都要抽水；所以在攤館內附設一檔牌九，可以增加可觀收入。

至於用三顆骰子來開的骰寶，起源當較牌九為晚，這種賭博的形式比番攤為複雜，變化也多，目前在澳門仍極盛行。

骰寶是用三顆骰子放在一隻碟上，碟上蓋著一個盅，由搖寶者把三顆骰子搖幾下，然後放在枱面，待投注人下注後，才反盅揭開，看盅內的三顆骰子開甚麼以定輸贏。骰寶枱上，有一張繪有各種形式圖案的布，供賭博者下注之用。這塊布上，最主要的部分是「大」和「小」兩門，規定由四點至十點為「小」，十一

點至十七點為「大」，一賠一，中寶的不必抽水。但是，如遇開三顆同樣的骰子，叫做「全骰」，全骰時大小通吃。

除大小兩門之外，另有點數，這是指三顆骰子共成若干點而言。三顆骰子，最多是十八點，即三顆同是六點，合成十八點，最少的是三點，即三顆同是么。因此有各種點數的投注，每種點數的賠率各不同。

點數之外，還有天九牌，它由骰子變化而成。三顆骰子可配成各種天九牌的形式，在骰寶中，天九牌也成為一種投注的形式。

此外，還有骰子的本身的點數，如么二三四五六等六門，這是指三顆骰子各自的點數而言，買這六門的，如果有一顆骰子開到所買的一門，就一賠一，假如有兩顆，就一賠二，有三顆就一賠三。舉例說，例如開的是雙一二，買一的就一賠二，因為有兩顆一；買二的就一賠一，因二只得一顆；買三、四、五、六的，就輸了。

日佔時期骰寶合法化

骰寶是民國以後才在廣州流行的，而最盛行的地方是澳門，因為當時澳門每年在農曆新年期間，准許市民向政府領牌，在街上開骰寶。當每年大除夕之日開始，澳門全市的各大小街道，都擺滿骰寶檔，婦孺都可以下注，異常熱鬧。這種賭檔開到新年初四，便告結束，初五以後，街道上恢復寧靜；因此這種賭博，可以說是婦孺皆曉。

骰寶也有一個莊家來主持派彩，故此在香港也屬於非法賭博。

香港的非法賭館有骰寶,大約也在民國之後,但比攤館為少,盛於日佔時期。日軍公開抽餉開賭時期,當時本港的娛樂場,照例有一檔番攤和一檔骰寶。戰後自然又列為非法賭博,不過在有勢力人士包庇下,仍有不少骰寶檔在港九各地區開設。

到了 1960 年代,本港非法賭館中的骰寶,竟然加設番攤的賭法。所謂加設番攤賭法,並不是骰寶賭館內另設賭番攤的檔口,而是利用三顆骰子來開番攤,在枱面那張繪有骰寶各門圖形的布上,另加一個四方形的所謂「攤正」,賭客可以作番攤來投注。辦法是視三顆骰子所開的點數以四除之,作為番攤所開的數目。例如骰寶盅內的三顆骰子是二三五,即十點。以四除十,剩二,便算攤開二。這種用三顆骰子既開骰寶又開番攤的賭法,為香港獨有,由此可見,香港的賭徒仍熱心於賭番攤。

第八章
字花的沿革

字花在清代乾嘉年間，已在廣東流行。這種賭博在 1870 年左右，開始在香港生根，此後即以秘密形式活動，直到香港淪陷，出現了公開而合法的字花廠。戰後，有人繼承了日佔時代的字花廠，以半公開形式出現。其中有過一次大改革，直到 1977 年才告絕跡。

當 1872 年 1 月 30 日，輔政司柯士甸宣佈禁賭時，強調花會是非法賭博，足見花會在 1872 年之前，即在麥當奴大開賭禁之時，已在本港流行。

所謂花會，就是我們今日的字花，它用 36 個號碼，每個號碼偽託一位古人的名字，每次開字一個，投買者買中的話，一賠三十。這是一種以小博大的賭博。

查字花起源，有謂在道光年間（1821 年至 1850 年）。《辭源》有「花會」一條，云：

> 賭博之一種，以廣東為最盛。道光中，浙江之黃岩盛行花會，書三十四古人名，納於筒中，懸於樑間，人於三十四名中自認一名，各注錢數投入櫃中。如所認適合筒中之名，則主者如所注錢數加三十倍酬之。見《右台仙館筆記》。廣東花會，拈千字文中二十字射之，中者數十錢可得數百金，以次遞減至百金數十金不等。見《思益堂日札》。

《辭源》所引的兩段，前一段所說的是花會，後一段引《思

益堂日札》的實非花會，而是白鴿票，上面經已說過。白鴿票才是用千字文的字作為賭具，而且所說又語焉不詳。白鴿票每次開字二十個，並非指千字文二十字射之。

《辭海》亦有花會一條，寫得比《辭源》為詳細，指出花會不是以 34 個古人名作字，而是用 36 個古人名。《辭海》「花會」一條云：

> 賭博之一種，書三十六古人名於紙，任取一名，納
> 筒中，懸於樑間，如適中筒中之名，即得三十倍之利。
> 《咫尺錄》：「閩中有花會之局，以宋時嘯聚三十六人，
> 日標一名，視資本之多寡，勝負總以三十倍為準。」按
> 此俗今猶盛行，不僅閩中為然，其方法各有變更。

繆蓮仙所編的《花會賦》

《辭源》與《辭海》都說花會起源於道光年間（1821 年至1850 年），實際上，嘉慶年間（1796 年至 1820 年）已極流行。繆蓮仙是嘉慶年間來廣東的杭州人，他所編的《夢筆生花》（又稱《文章遊戲》）刊行於嘉慶年間，該書第三編中有《花會賦》一文，相信是最早描寫字花的文章，讀之可知嘉慶年間廣州已流行字花，並了解當時字花的體制。該《花會賦》原文如下：

> 凡賭之害人不一，今時之花會尤深。蓋壓寶攎攤，

必待人多而後舉；弄牌擲骰，或因本少而難成。惟茲花
會，隨意可行，人十己一，不拘乎人數多寡；暑往寒來，
無間於風雨晦明。人曰一博三十，何弗以我之少，而取
彼之盈；我曰百不償一，正惟貪多之病而陷墮人之坑乎？
於百群匪類，造三十六鬼名。政出多門，雜於漢廷之射
策；緹縈十集，窮於東郭之聽聲。是以揚子見歧途而欲
泣，汝南持月旦而奚評！而且偷批買線，避重就輕。驗
筆跡，較錢文，打者先時封去，開者臨時變更。層層弊
竇，有輸無贏。何世人之不察，偏欲飽餓虎而饜長鯨。

當其始也，或幾文或幾十，自謂逢場作戲；及其後
也。竟幾百竟幾千，方悔弄假成真。日積日如春蠶之食
葉；月復月如颶風之掃塵。將謂多開數名，流涓難盈夫
巨壑，倘思專守一字，蒼茫莫識乎迷津。飛片紙於冥冥，
不啻秀才之望榜；見歸鴻之寂寂，何殊怨女之傷春！似
此積重難返，欲罷不能。脅其肩諂其笑，求通融於戚友；
典其田賣其地，再算計乎釵環。夜則乞靈夢寐，晝則俯
首泥神。打童問卜，多半誑人。間有弋獲，得失不均。
甚至妻妾接踵，婢僕效顰。一家老少，終日營營，減數
口之衣食，填無底之金銀。寧可忍飢受凍，未曾去火抽
薪，斯時也，雖有良朋之苦口，正士之良箴。我心匪石，
飲若醇醪。百煉丹砂，罔效膏肓之疾；千般伎倆，仍歸
阮范之貧。

嗟反本之維艱兮！勢同舉鼎。歡傾貲之甚易兮！捷
勝轉輸。誰無家室？亦有天倫。臈月之單衣蔽體，豐年

無粒米沾唇。我求人，類吳市之乞食；人見我，似桃源之避秦。到此水窮山盡，備嘗萬苦千辛。於是計無所出，糜事不為？男則雞鳴狗盜。鑿壁穿窬。女則桑間濮上，背主偷期。傷風敗俗，筆難罄之。嗟乎！只因一念之貪慾，遂令家破而身危。回思春夏秋冬，中式者幾日？更問趙錢孫李，發財者是誰？嗚呼噫嘻！何苦乃爾？觀我觀人，便了然矣！吾今作賦勸諸公，但願世人從此止。篇中語語是良文，休當飄風空過耳。已來者請即迴車，未來者慎毋染指。一寸靈台萬象明，何堪日逐么魔使，試揮慧劍斬群邪，殺盡東南花會鬼！

　　花會始於閩中，而粵之潮州為最盛。家喻戶曉，舉國若狂。受其害者不知凡幾矣！此賦窮形盡相，苦口良言；無如言者諄諄，聽者藐藐，終至迷而不悟也。悲夫！

　　這篇《花會賦》不知何人所作，最後的一段按語由編書者繆蓮仙所加。他說花會始自福建，而以潮州為最盛。可見這種賭博在嘉慶年間已極流行。我們參閱文中的語句，知道是共 36 個字，所謂「造三十六鬼名」即指此。同時又知賠率是以「一博三十」，並且知道當時開字花者的欺詐行為，以及賭字花者「乞靈夢寐」和「打童問卜」的百態。

　　查花會在嘉慶年間雖已流行，但各地花會所編的字花書，各有不同。《辭源》所引的《右台仙館筆記》，說浙江用 34 名，而《辭海》引《咫尺錄》則說閩中花會是用宋時嘯聚的 36 名古人，此指宋江等古人之名。可見各地的花會各有不同的名目，所謂古人，

亦各有不同；因此它的編號，亦完全有別。

香港的字花書烏龍百出

　　至於香港的字花與各地不同，獨立成一體系，而香港的花會中所引用的古人名稱，可謂一塌糊塗。一望而知，絕對不是讀書人所編。為了證實香港字花沒有文化，這裏將香港的字花書製版刊出，逐一加以研究。

　　根據香港歷來字花說明書所編列的號碼及人名，可以表列如後：

編號	人名姓氏籍貫及其簡史
1. 占魁	姓吳，宋朝河南人，文武狀元，一家三百口為金兵所殺。
2. 扳桂	姓陳，江南人，武狀元，妻明珠，妾銀玉，子逢春、榮生，金兵所殺。
3. 榮生	姓陳，江南人，父扳桂，與兄逢春同中武狀元，被金兵殺死。
4. 逢春	姓陳，海洲人，扳桂之長子，榮生之兄弟，中文武狀元，為金兵所殺。
5. 志高	姓黃，東京人。桂同州做賊，坤山之友。
6. 月寶	姓李，東京人，官居朝畿大夫。生子漢雲，女明珠。
7. 正順	姓宋，河南人，官居奉政大夫，同坤山為將。
8. 坤山	姓黃，蘇州人。在九龍州做賊頭，與志高為英雄，後為太平招為大元帥。
9. 漢雲	姓李，求京人，官居鄉美院，守龍門關。父月寶，妹明珠，秦招之出軍，失守後升仙。

10. 江祠	姓龍，山東人，與必得為友，被番所殺。
11. 福孫	姓田，江南人，在吉安府龍泉縣開藥店，五月初五上山採藥被虎咬死。
12. 光明	姓朱，浙江人，陰寺得道和尚，呼風喚雨，太平稱為軍師，後被秦兵害死。
13. 有利	姓翁，東京人，秀才不第，開飯店，後入水滸。
14. 只得	姓羅，四川人，宰豬為生，後被陳公所殺。
15. 必得	姓鄭，東京人，不能短中行舟，坤山收為附將，在五虎之外。
16. 茂林	姓方，蘇州人，燒炭為生。
17. 青雲	姓周，東京人，在宋宮翰林院內被秦松賊所害，削髮上山為道士。
18. 天申	姓趙，雲南人，宋朝官居大元帥，為秦賊所害，被燒死。
19. 銀玉	姓林，東京人，兄太平，同趙國因秦兵入境走江南，扳桂娶為妾，生子榮生。
20. 明珠	姓李，揚州人。月寶女，扳桂妻，生子逢春，為金兵所殺。
21. 上招	姓馬，南京人，少年上山得天書，能呼風喚雨，坤山拜為義妹。
22. 合同	姓雙，東京人，同嫂開店，姑嫂在店中被志高調戲投井死。
23. 三槐	姓張，湖北人，在太平為宰相，生三子，即合海、元吉、萬金，為金兵所殺。
24. 合海	姓張，湖北人。三槐子，與元吉、萬金同中進士，在宋朝為官，被金兵殺死。
25. 九官	姓張，洛陽人，中進士，前漢附馬。胞弟火官。
26. 太平	姓林，長州人，生魯國之世，秦兵殲之，入龍州招坤山志高為將，落草稱王，被坤山殺。
27. 火官	姓張，河南人，官居按察院，一家被番所殺。
28. 日山	姓陳，四川人，宋朝尚書，被金子恭借糧不遂，出家為僧。

29. 天良	姓鄭，四川人。秀才不第，削髮為僧，與人添丁。
30. 井利	姓劉，湖廣人。做米生意，火災後落髮為僧。
31. 元貴	姓徐，蘇州人。一生好打花會，不幸家財用盡。
32. 萬金	姓張，湖北人，父三槐，兄合海、元吉。萬金是孝子，為金兵所殺。
33. 青元	姓蘇，東京人，秀才，一生無義，家財盡行食完。
34. 元吉	姓張，湖北人，官居太守，往尋友遇賊劫行乞度日。
35. 吉品	姓陳，貴州人，榜眼，為金兵所害，流落乞食，生子扱桂，被金兵殺。
36. 安士	姓陳，蘇州人，元貴之妻，因夫家貧行乞，削髮為尼，知陰陽地理。

　　如果不用表格列出那些所謂古人的歷史和籍貫，是不容易看出許多烏龍之處。現在分別指出其中自掌嘴巴的事實，用證香港的字花師爺，是最不懂歷史與文化的人。

　　從表上的 36 個所謂古人當中，可以看出兩系人物，其一是 2 號的「扱桂」，另一是 26 號的「太平」。照字花書所載，「扱桂」的一家人物如下：吉品生扱桂，扱桂娶妻明珠，妾銀玉，生子逢春及榮生。則吉品，扱桂，逢春及榮生，便是父子公孫三代。但字花書稱他們的籍貫不一，對吉品的籍貫，則稱為貴州人，而扱桂則是江南人，逢春又稱海洲人，可證編字花書的師爺沒有文化。

　　另一系人物以「太平」為主，書中這些所謂古人，與太平有關的，計有「光明」，是太平的軍師；「坤山」與「志高」，是太平麾下的將軍。「銀玉」是太平的妹妹，而銀玉又是扱桂的妾侍。

那末，扳桂就是太平的妹夫，逢春與榮生都是太平的外甥了。「三槐」便是太平的宰相。

首先，從籍貫研究，銀玉既是太平的妹妹，兄妹的籍貫應該相同，但銀玉則稱東京人，太平則稱長州人。兄妹籍貫不同，如上面扳桂父子公孫一樣。

其次是，太平生於魯國，魯國是春秋戰國時代的國家，被秦兵殲滅，他落草稱王。他的妹妹銀玉因此逃到江南去，嫁給扳桂為妾。扳桂、吉品、逢春、榮生等人，都應該同時是春秋戰國時人才對。但是，字花書說扳桂等人都被金兵所殺，三槐以及他的三個兒子，亦同被金兵所殺。金兵是宋朝才出現的，怎可以殺戰國時代的人呢？戰國時代的女人，又怎能嫁到宋朝去作妾呢？可見編書的字花師爺，對中國歷史完全不熟悉。

這種賭博與日常生活結合

這本字花書作為香港持有產物，一直從 1872 年間，流傳到 1970 年代，總算反映出在這個華洋雜處的社會中，中國歷史與文化如何被人忽視了。

字花書上所列出的那些人物、官職，有不少令人莫名其妙。例如說「漢雲」官居鄉美院，不知所云；又如月寶的官職是朝畿大夫，這也是不可解。至於地名，亦頗多是胡亂寫上去的，如說坤山在九龍州做賊，九龍州不知在甚麼地方，可能那位字花師爺，以為九龍半島曾設州治也未可料。

　　這本字花書還附錄了很多迷信的話，例如說某人是某種動物成精之後托生的，又說是由某種動物投胎而成。此外字花書上每一位古人都有替身，又有詳夢法。字花書上還刊出一個全身人像，將人的身體各部位，偽託即某一字，仿如三十六穴位圖一般。

　　例如說額頭為光明，耳為太平之類。如此一來，舉凡一事一物，都可以當是字花中某一字。這是開字花者的一種宣傳手法，使字花和市民生活息息相關。無怪乎各種賭博之中，以字花流毒社會最大。

　　關於香港字花的沿革，大致可分為幾個階段：簡單的分期為早期、中期與近期；若從性質劃分，則可以分成秘密開賭期、公開承餉開賭期、半公開期及暫時禁絕期。

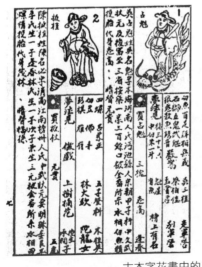
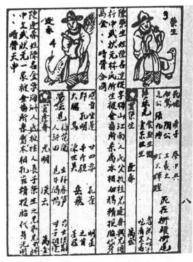

古本字花書中的三十六古人圖樣

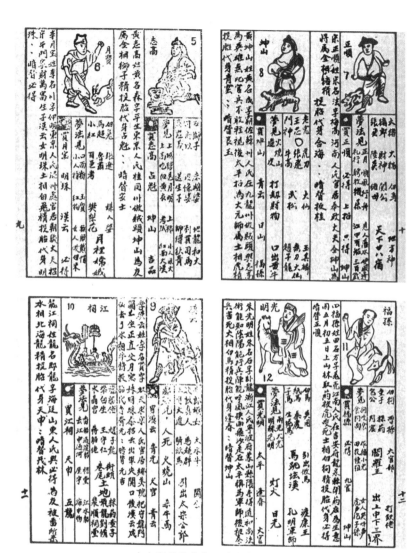

古本字花書中的三十六古人圖樣

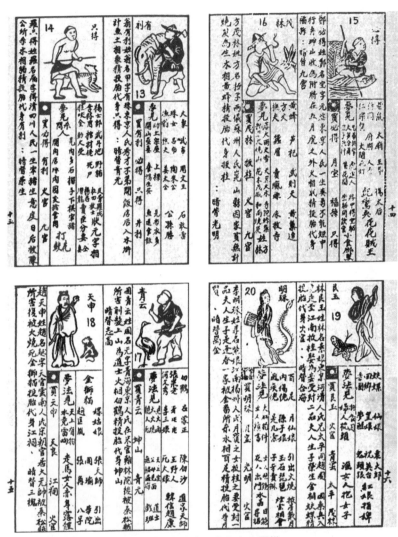

古本字花書中的三十六古人圖樣

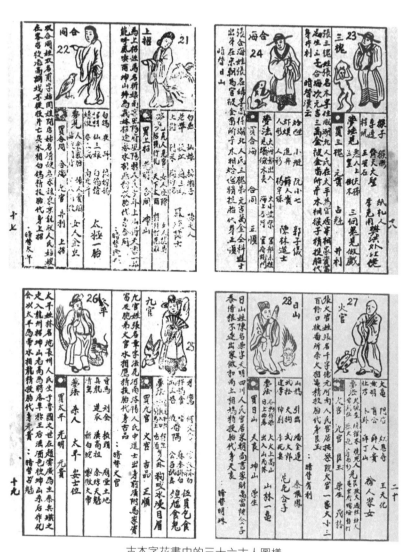

古本字花書中的三十六古人圖樣

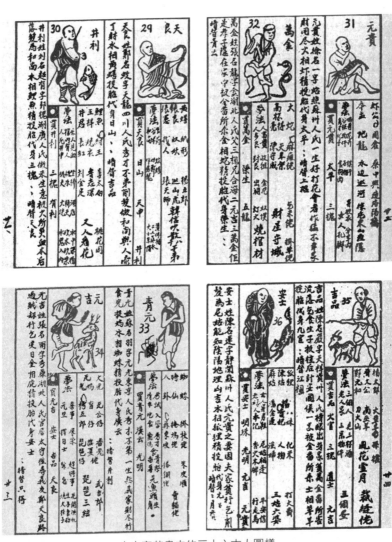

古本字花書中的三十六古人圖樣

　　早期的字花就是秘密開賭時期，這個時期很長，大約自 1870 年至 1940 年。如同其他賭館一樣，早期的字花都是賄通警方上上下下，在有計劃包庇下進行的。字花這種賭博的組織，當時由於香港人口密度不大，所以早期比較簡單，與後期的組織略有不同之處。

　　字花需要開字，所以必須有一個總廠。總廠就是字花的最高機關。總廠之下，便是艇仔，艇仔又別稱為帶家。艇仔的對象，就是一般投注者。

早期字花用雀籠開字

　　1870 年間，香港人口集中於西營盤，上環、中環、及下環（今稱灣仔）等地區，這些正是字花艇仔活動之地。艇仔向小市民收受字花投注，寫上了所投的號碼和金額，給回一張收據，然後帶返總廠。總廠在收齊了各艇仔交回來的投注之後，在指定時間截卷，然後開字；開了字之後，總廠計算每一個艇仔所收回來的投注，那一個贏，便派彩給艇仔，由艇仔交回投注人。初期字花的組織，就是這樣簡單。

　　有人曾經懷疑過這種形式的賭博，竟然有人下注，認為不可思議。特別是外國人，甚至是當時警方的歐籍高級官員，都不相信字花會有顧客。原因是：一般投注者完全不知道總廠在甚麼地方，甚至不知道開字在甚麼地方，若在外國肯定沒有人敢下注。

　　中國當時是個農業國家，到香港來謀生的小市民，大部分是

從農村出來的農民，他們勤懇、刻苦、忠誠、樸實。那些收受字花的艇仔和投注人不是直接相識，也是間接相識的，他們相信收受字花的艇仔才會投注。艇仔亦以信用為本，投注人中了立即派彩，樹立起信用來。就在這種互信的基礎下，字花才會流通，而且日益流行，這是外國人無法了解的。

早期的字花總廠設在西營盤，主事人大多是有名望的黑社會大哥。由於 36 個號碼，每次只開一個，而派彩是一賠三十，抽水頗高，所以艇家不愁總廠會拖欠賬目及抵賴。投注者又相信艇家，投注者雖不知道總廠的位置，亦樂於投注。

關於開字的地點，則是選定一些茶樓作為掛字的地方。當時西營盤幾間茶樓，經常被利用作為開字的場所。字花總廠預先向艇家宣佈，這一廠在某茶樓開字，艇仔便到那茶樓去，等候開字結果。

他們掛字的方法，是利用一隻鳥籠，將所開的字寫在一塊布上，繼而捲起來，放在鳥籠之內。鳥籠外面，罩上一塊藍布，掛在茶樓用來掛鳥籠的地方上。當選擇這所茶樓作為開字場所時，字花廠的職員與打手們都在茶樓吃飯，一方面是保護那隻鳥籠，另一方面就以茶樓作為辦公處。艇家到總廠交了投注者的總數目之後，也來這茶樓等候開字，待開字時便由字花師爺打開鳥籠，取出那布，當眾打開，以示公正。

字花艇仔有甚麼利益呢？利益是九折找數給總廠。即艇仔這一廠收了 10 元字花，只給 9 元總廠，他就賺了 1 元。其次是艇仔希望中獎的投注人給他一點額外的報酬。有些投注人贏了大錢，常會獎給艇家一些茶資。這是艇仔所得的主要利益。

「花題」與「口電」各有特點

初期字花的投注額是 1 仙起碼，即投注 1 仙，可贏 3 毫。由於投注額小，所以最受歡迎，家庭主婦、女傭、商店的伙頭、小職員、勞苦大眾，都是字花的基本賭客。

同時，當時的字花每日開兩次：上午開的一次，稱為辰廠；下午開的一次，稱為申廠。辰廠大約在上午 11 時開字，申廠約在下午 5 時開字。每日開兩次的作用，完全與投注者的生活有關，因為這兩次開字的時間之前，正是家庭主婦、女傭、廚子們到街市買菜的時候，他們常常將買菜錢扣起一二仙買字花。所以當時有人說字花廠專殺打斧頭[9]錢。

字花與其他賭博的不同之處，在於有所謂「花題」和「口電」。所謂「花題」，意即今廠所開的字花題目。字花廠揚言，它所開的字必定切合題目，叫賭客從它所派發的「花題」去研究，說如果精心研究，就一定可以買中那一個字。

至於「口電」又是甚麼呢？這也是字花廠故意派發的宣傳文字，照字花廠說，這是字花師爺用口頭說出來的「貼士」，預言這一廠開那一個字，通常口電比花題遲一兩小時發表出來，用以引誘賭客再行投注。

花題通常是用幾句押韻的句子出現，似詩非詩，似詞非詞，既非歌謠，又非口訣。早期香港流行的一句花題，至今仍有人記

9　打斧頭：廣州話稱廚子剋扣買菜錢之舉。

得，它的原文為：「蒜頭豆豉蒸扳桂，買就龜公，唔買就契弟。」
這花題能傳誦一時，因為既俚俗又順口，同時點明其中「扳桂」
這一個字。

這一類的花題，其實開任何一個字都可以用來解釋的，因為
照字花書上所列的每一個字，有所謂替身。替身之中又分有所謂
暗替，而龜公、契弟，也是其中一個字的代表。總之，所謂花題
不過是一種引人投注的手法而已。

至於口電，通常是一句成語或是俗語。如「將錯就錯」、「東
成西就」、「好頭好尾」之類。字花廠最初發出口電時，每每偽
造一個故事，例如說某人輸了幾百元，快要跳海自殺了，今天剛
剛遇見字花師爺出來，他去求字花師爺，叫他指示投注，救救命，
字花師爺就說出這一句話。因此傳了出來，叫賭客從這句話中，研
究出買甚麼字。這種手法，無非引誘那些早已投注的賭仔，聽到
消息之後，再憑口電去猜測，再多買幾個字，是增加投注的方法。
事實上，像這一類空泛的口電，也是開任何一個字都可以。

早期香港的字花題目，是由艇仔從總廠抄錄了出來，再派給
賭客研究；至於口電，則用口頭傳述。帶字花的艇仔往往煞有介
事地去找他的基本客戶，說剛才聽到字花師爺的口電，不妨買哪
幾個字。賭仔聽了口電之後，必定再行投注。

至於早期香港字花廠的資本以及集股的方法，以及字花廠內
的結構，都是非常簡單。先說資本。原來自從有字花以來，字花
廠營業之前，必定宣佈它的資本數額，讓賭客知道它的派彩總額
多少，以昭信實。在嘉慶道光年間的廣州花會，總廠宣佈的資本
是 3000 兩，換句話說：如果中獎的人多，投注於所開的那個字的

銀碼太大，以一賠三十的賠率派彩，已超過 3000 兩銀的話，字花廠便只有把它所宣佈的 3000 兩銀全部取出來分派，這種情形稱為「爆廠」，可能一賠二十幾或更少一點也未可料。因此，字花廠必須先行宣佈他的資本額，才能令賭客有信心投注。

字花師爺是字花廠靈魂

早期香港的秘密字花廠，資本額是 2000 元，由於 1 仙即可投注，這個數額已經很大。當時字花廠的股東，大部分是黑社會頭目和撈家 [10]，每股 50 元。

字花廠的組織中，主持開字的名叫字花師爺。上文多處提到字花師爺，這裏應說明他的職務。字花師爺主要的職務就是「揸字」。譬如今天辰廠，應開哪一個字，由他在一間密不通風的黑房裏，將那一個字的布卷捲起來，密封之後親自放在鳥籠內，拿到指定的地方懸掛。所以，整個字花廠內，只有字花師爺能預先知道這一廠開哪一個字。

字花師爺未必是股東，但是他的薪酬很優厚，而且獲派很高的花紅，因為字花廠能否殺大錢，全在他手上。他最了解賭客的心理，由於每天看過所有艇仔交來的投注細目，知道賭客近日多買那幾個字，便常故意不開，待成為冷門，然後當賭客移風之際，

10　撈家：一般指無正當職業，以偷拐詐騙過活的人；另指混得成功、有專業成就的人（尤指黑社會人士）。

他又突然開出冷字。總之，他負責替字花廠大殺三方，是字花廠
的靈魂。

　　擔任字花師爺的人，大部分是吸鴉片的大道友，他必須向股
東負責，絕不洩漏消息。據說字花師爺必定在神前發過毒誓，保
證不宣洩每一廠所掛出的字是甚麼。因此，他要必足不出戶，長
期留在字花廠裏。只有鴉片煙鬼才有條件做，因為，他藉此可以
日以繼夜地抽鴉片。

　　除了字花師爺之外，字花廠裏視生意多寡而聘請登記和計算
字花數目的職員。另外有負責交際的職員，其職責是和警方及有
勢力分子聯絡，通常向有關方面行賄。

　　此外還有監場，負責監視職員有無作弊等行為。另有巡場，
負責防他人偷窺。已掛出的字，並且負保字之責，多由黑社會人
士擔任。

　　另外有支乾薪的人物，他們包括股東，以及在黑道上闖出名
堂的人物。

　　由於早期字花是非法的賭博，而且是秘密進行，所以全員以日
薪計算。以上述這許多名目的職位計算，開支的龐大是可以想見的。
字花廠如非大殺三方，又怎能維持這樣巨額的開支。

日佔時期字花合法化

　　從 1870 年至 1941 年這幾十年間，香港的字花也有過若干時
期中止。箇中原因有多種，或因警方內部大調動，包庇者不敢繼

續受賄，便通知字花廠停頓；或因黑社會互相傾軋而被迫停頓，亦有因字花廠內部不和而停頓的，但停頓的時間不會很久，除了海員大罷工及省港大罷工時停頓過久，其餘早則停辦三五月，遲則一年多又告死灰復燃了。

上述是早期香港的字花情形，到了太平洋戰爭爆發，香港淪入日軍手中時，在 1944 年間，香港的字花進入公開合法化時代。

當時香港在日軍佔領下，適值駐港日軍人事大變動，原任香港日本憲兵隊隊長野間賢之助調職，由金澤少佐接任。金澤少佐從廣州調來。這金澤少佐在廣州任職時期，手下有一群漢奸，自然，這群走狗也隨金澤來到香港。由於香港日軍憲兵隊原已有足夠的人手，不能安插他們到憲兵隊去，金澤便巧立名目，組織一個新的治安團體，名為香港治安協助團，由他的得力走狗溫某任團長。溫某的手下，就是這治安協助團的成員。

但是，有了名目，沒有額外的經費，於是溫某自籌經費，便以開字花來維持這香港治安協助團的經費收入。

溫某強佔了當時坐落大道西的高陞戲院作為字花廠，掛上一個大招牌，名叫利源公司，並宣佈他的字花公司資本雄厚，全部資本是 10 萬大元。

當時高陞戲院的大堂的四邊牆壁上，在戰前用以懸掛戲院戲目廣告的地方，竟懸掛起三十六古人的巨幅圖像，甚麼占魁、扳桂、只得、必得，全部依照字花書的圖形繪畫出來。另外編印一本新的字花書，到處派發。

利源公司的字花書，內容跟早期香港的字花書大致相同，只是在卷首處，有一篇字花起源的文章，竟說字花是由清朝翰林院

大學士發明,讀之令人噴飯。這篇文章相傳是出自時任利源公司總務的文人之手,因屬香港賭博史的一份文件,而且相當有趣,特抄錄於下:

考花會之起源,屬於猜謎遊戲一種,是文人雅士風趣之娛樂。據傳說創於清初雍乾之間。當時天下昇平,政簡刑清,翰林院內眾學士,日中清閒無聊,缺乏娛樂,遂編出三十六古人,分門別類,每人輪迴一人為主考,題詩一句為謎面,密封一古人為謎底,互相競猜,以消永日。及後流傳民間,輾轉仿製,以訛傳訛,錯誤百出,失其真本。近始發現名家秘藏,手抄古本,內容豐富,與現下市面流行者大不相同。不惜重金購回,刊印若干本,以供參考。博古通今,供諸同好。

當時利源公司的字花統領全港九,與早期的字花廠不同。早期中的後期,由於九龍已漸繁盛,九龍的黑社會分子也自設字花廠,形成港九各設一廠的局面。利源公司是日軍憲兵隊支持的,是以它為統一港九兩地的字花廠。

地區擴大增設「二廠」

由於統領地區太大,故利源公司的組織亦與早期字花廠的不同。早期地區不廣闊,艇仔收到賭仔的字花投注後,直接交給總

廠，相反利源公司因地區太廣闊，就出現分區代理制度，這分區代理，行內稱為「二廠」。

二廠的職責，是收集區內所有艇仔的投注，交到總廠去。當時各區有一個二廠：如中環、西營盤、西環、灣仔、銅鑼灣、北角與筲箕灣皆有；九龍方面，旺角、深水埗、油麻地、尖沙咀、紅磡與九龍城等。二廠所得的利益，也是扣佣。當時的佣金制度，是艇仔以九五折交數給二廠，二廠再以九折交數給總廠，即二廠與艇仔各得百分之五的佣金。

由於溫某經營利源公司是為治安協團籌募經費，他不可能真的拿10萬大元來作資本，這不過是宣傳而已。字花是婦孺皆曉的賭博，一般人認為必然大行其道，是以申請做艇仔及二廠的人不少。溫某就乘機提出，凡做艇仔或二廠的，都必須繳交一筆按金給總廠，否則沒有資格收字花賭注。

他的理由是：字花總廠每兩日和二廠艇仔結算一次，在結算之前，艇仔和二廠不必帶現金交數，為了保證他們不賴賬，所以必須提交按金。能交出按金的，都證明他有財力經營這一行業，可取得賭仔的信心。當時利源公司要求艇仔需交按金軍票300元，二廠需交軍票1000元，就此溫某在按金方面，已先收幾萬元了。

這等於拿別人的錢來開賭，是最便宜的事，而所開的賭又是大殺三方，溫某的治安協助團的經費，自然不會落空。

當時每日仍是開兩廠，依然叫辰廠和申廠，沿用古老的字花名稱。二廠在開字一小時之前，便要艇仔將所收的投注項目交來，而二廠則於開字前半小時集中該區的總投注項目交到總廠，總廠在收到各區的二廠交來的賬目後，時間一到，就將預先掛在高陞

戲院大堂頂上的字花布卷扯下來打開，宣佈這廠開的是甚麼字。

利源公司的字花，也有花題和口電，是用紙張印刷，分派給各區二廠，由二廠分派給各艇仔，花題和口電的形式，都與早期的字花一樣。至於投注額，起碼是 10 錢軍票，即是 1 毫。

直到太平洋戰爭結束，日本宣佈投降，利源公司才告結束。結束時，溫某一走了之，並沒有將按金發還，而當時的二廠和艇仔也不敢追究，因為他們害怕被當成漢奸。

戰後初期停頓稍後再起

戰後初期，字花近乎絕跡，因為當時百廢待興，而內地正在掀起一場整肅漢奸的浪潮，香港也捉了不少日佔時代罪惡昭彰的憲查和密偵。他們都是黑社會人士，與黑社會長期結合的字花組織大多都躲起來，字花便無法經營下去。到了 1952 年，字花開始復活，最先復活的字花就在九龍。

當時香港人口劇增，而九龍方面的人口比香港為多，新興的工廠和手工業廠大多設於九龍。木屋區發展得很快，形成了幾十個木屋區。黑社會分子在這些木屋區裏活動，和警務人員勾結、販毒、包娼、庇賭，漸漸形成一個罪惡集團。字花，就在這個時候復活。

當時，有一位王某開設字花廠，在幾個木屋區裏，一些黑社會小頭目出來收字花，起碼注仍收一毫，賠率仍然是一賠三十。初時，王某的字花廠屬小規模，字花並不怎樣流行。不過，每日分別開早場、日場、夜場三次，不是像從前那樣，只開辰廠和申廠。

　　每日開字三次，一方面配合小市民的生活，另方面讓收字花的小頭目有一定的收入。早場開字時間是正午 12 時，日場開字是下午 5 時，夜場開字是晚上 11 時。工人們早上 9 時上班，9 時之前可以投注。中午 1 時下班，已知道早場開了甚麼字，中了可以加重注碼，不中的，中午下班時可以買日場的字。到下午 5 時下班，已知道日場開甚麼字了，晚上回家吃飯，仍可以在飯後下注。這種每日三場的制度，專為小市民生活而設。

　　由於戰後初期字花投注很低，處於萌芽期，帶字花的小頭目每次收到的投注額不過三幾十元，以九折交數給總廠，每次所得的利益不過三幾元，實不足以維持那些小頭目的生活，但每天開三次字，那末每次有三幾元的收入，每天便有十多元的收入。當時物價低廉，這筆收入勉強也可以支持這些小頭目的開支。

六十年代半公開活動

　　王某懂得開字花的秘訣是維持信用。他知道這種賭博完全靠信用來維持，是以對於派彩非常重視。投注者贏了大錢，超過百元的，必親自派人找到那個艇仔，帶到投注人面前交數，以免被艇仔中飽私囊。同時，對於艇仔亦時常加以忠告，若是艇仔收了字花不交數給總廠，便派人去接替，絕不留情。

　　王某與幾個黑社會大阿哥是生死之交，又和當時的幾個探長交情深厚。他本著有錢大家用的立場，把賺來的錢分給這些人物，因此他的字花廠漸漸擴展起來。

到 1960 年以後，是王某的字花廠的全盛時期。當時各徙置區先後建成，代替舊木屋區，人口更加集中，香港也由一個轉口商港，形成一個工業城市。就業人口多，但生活仍是艱苦，貧富懸殊也更大。小市民希望買到較貴重的日用品，但願望不果，就只有寄望於賭博，為求以小博大，贏了一筆錢，就可以買到超乎自己經濟能力的東西。賭博心理就此形成。字花，恰恰是以小博大的賭博，正迎合他們的心理，因此字花就漸漸流行起來。

買字花的人多，帶字花的艇仔也相應增加，向王某要求讓他帶字花的人與日俱增。這時候，王某就把字花廠作為企業來經營。字花，就以一種半公開的形式出現。

他知道要把字花這種賭博發揚光大，必須有包庇字花的集團才能成功。這時香港的警方，正形成一個龐大的貪污集團。根據警司韓德的回憶錄指出，當時警察內部的升職制度非財不行，犯罪集團用金錢支持警務人員升職，他們升為警司，總探長、總警司之後，自然要包庇來支持他們的犯罪活動。貪污集團既然形成，字花廠的賄賂也就成為這種互相支持的「專業」一環。

利用小報為字花服務

王某又懂得利用公共關係，去發展他的字花企業。他看見賽馬的派彩結果，經常為大小各報刊登，於是利用報紙為字花服務。他下令字花廠的交際主任，設法找幾個報人參加交際部，負責聯繫報界，要求大報的記者不要在報紙上攻擊字花，並要求小報刊

登字花廠的開字結果、花題和口電。

這是香港賭博史上一件值得大書特書的大事。字花早於 1872年被列為非法賭博，而當下竟能從秘密而公開，甚至比日佔時代更加公開。日佔時代的利源公司還沒有利用報紙刊登字花的花題和口電，遑論刊登字花的開字結果。但王某卻能辦到。法律卻無法制裁他和他的字花廠，果真是諷刺。

當時一些小報，不但刊登花題和口電，而且刊出「貼士」，一如賽狗和賽馬的「貼士」一樣。有些小報，還請畫家繪了圖畫，圖畫共分三幅：上面代表早場的字花貼士，中間代表日場，下面代表夜場。那些圖畫都是字花書上所規定的人和物，具代表性。另外還有號碼，由 1 號至 36 號寫上幾個，作為預測。

這裏刊登一幅從當年一張小報上剪出的字花的圖形，作為歷史的見證。這圖形旁邊的阿拉伯字，上面的一個，就是前一天早場所開的號碼，中間的一個阿拉伯字，就是前一天日場所開的號碼。下面的一個，是前一天夜場所開的號碼。

利用報紙刊出前一天各場所開的字，有幾種作用：第一，表示他們所開的字是公正的，有報紙為證；第二，讓一些事忙的賭客，事後可以追查開字結果，以便追收已中了的字；第三，表示這種賭博，雖非承餉開辦，也屬於公開性質，否則文化界不會支持。

字花有了小報刊登花題、口電和開字結果，於是更趨流行。字花帶家亦從偷偷摸摸，而成半公開的營業。在徙置區一些走廊上，有人擺了木箱，坐在那裏收字花。在上海街的騎樓底，竟有人擱了張小書桌在收字花，估計九龍一區約有字花檔凡 2000 檔之多。

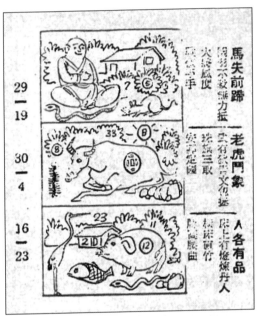

這是字花題及前一天三廠所開字花的結果圖樣。

右方文字,「馬失前蹄」是當日午廠的花題,「老虎鬥象」是當日日廠的花題。「人各有品」是當日夜廠的花題。左方的阿拉伯字 $\frac{29}{19}$,是前一天午廠開字結果,29 號是所開的正字,19 是副字,中 $\frac{29}{19}$ 則一賠五百,餘下類推,$\frac{30}{4}$ 是前一天日廠所開的字,$\frac{16}{23}$ 是夜廠所開的字。

圖中的圖畫,是所謂「貼士」,上圖是午廠的貼士,中圖是日廠的貼士,下圖是夜廠的貼士。其中和尚、老鼠、屋、草、牛、蜈蚣、豬、魚、蛇等,都是字花書上所有的東西,參看字花書自會明白。

王某的經營很有法度。為了避免檔與檔之間競爭，他規定檔口與檔口之間，必須保持一定的距離，一般相隔一條橫街的街口，才准許開一檔。如帶家之間發生爭執，將由黑道中人調解，否則便由警方介入，讓帶家了解爭執只會兩敗俱傷，是以爭吵甚少發生。

當時字花的起碼投注為 1 毫，但由於通貨膨脹，投注 1 毫的實際上是幾乎沒有，因為 1 毫只博 3 元，3 元也難買到甚麼，實際情形最低投注額是 1 元，而投注一個字以 10 元計的賭客，也甚普遍。

通常一檔字花，每場總有好幾百元投注額，三場合計共收 1000 元總投注額的佔大多數。若以 2000 檔字花檔計算，每天投注於字花的賭注，便有百餘萬元至 200 萬元。這樣巨款與蔬菜等食品市場的消費相差不遠。

利益衝突出現新形勢

字花廠是一賠三十。在這方面是抽水六分之一，除了帶家的九折結賬，每天也該有二十多萬元的進賬，以維持巨額的賄賂和龐大的開支。而字花廠的主辦人收益更多，幾年之間，王某已成為大富翁了。

到了 1960 年代後期，香港的字花也起了大變化，因為那些帶字花的艇仔也學乖了。

原來，在「人不為己，天誅地滅」的社會裏，那些字花檔已沒有初時那樣，只貪圖字花廠提供九折的折頭了。他們發覺，長

期以來，字花廠賺大錢，這些錢都是他們進貢給字花廠的，與其進貢給字花廠，何不進貢到自己的袋裏去，因此字花檔開始由自己做「莊家」了。

所謂字花檔自己做莊家，就是字花檔不把投注額全部交到總廠去，他們直接和投注者賭博，把過去的習慣完全改變。

過去，不論投注者買哪一個字，字花檔都向總廠交數，現在字花檔並不將投注額全部交到總廠去。他們把自己當作總廠，將全部投注於字花檔的賭注留下來，實行和投注者賭博。這樣，他們就可以獲得更多利益。即不是九折那麼少，而是連字花總廠所抽的六分一也吃掉了。

這是香港字花史上一次重大的變革，為了讓讀者明瞭實際情況，這裏根據當時字花檔交數給總廠的單據，就此列出以便說明。

在 1960 年代上半期，各字花檔交給字花總廠的賬單，每一場都是忠實地如數照報去的。用字花檔的術語，這種照報投注的報賬單，名叫「流」；將數目照報，名為「入流」。那一張流（報賬表）的形式如下：

×年×月×日×場

合共銀三百六十元正			
1. 占魁	二十元	19. 銀玉	十八元
2. 扳桂	十二元	20. 明珠	三元
3. 榮生	八元	21. 上招	十五元
4. 逢春	六元	22. 合同	四元

5. 志高	七元	23. 三槐	十四元
6. 月寶	十九元	24. 合海	八元
7. 正順	四元	25. 九官	十七元
8. 坤山	三元	26. 太平	九元
9. 漢雲	十一元	27. 火官	十九元
10. 江祠	一元	28. 日山	十三元
11. 福孫	二元	29. 天良	三元
12. 光明	十七元	30. 井利	十二元
13. 有利	五元	31. 元貴	一元
14. 只得	十六元	32. 萬金	十六元
15. 必得	四元	33. 青元	九元
16. 茂林	七元	34. 元吉	一元
17. 青雲	十一元	35. 吉品	八元
18. 天申	十七元	36. 安士	十元

某記（蓋章）

　　這是一張如實照報的賬單，這一場由某記字花檔所報上去的，總投注額是 360 元正。單內所列出的每一個字的銀碼各不相同，有幾個字多人買，投注額大；有幾個字，投注額少。字花廠常常揀選少人投注的字來開的，所以常常是大殺三方。字花檔經過幾年的實驗，覺得與其讓字花廠大殺三方，不如由自己大殺三方好了。

　　就用上述的一張賬單為例，其中「江祠」是投注額最少的一門，只有 1 元投注。如果字花廠開的是「江祠」，那末字花檔殺了 360 元，只拿出 31 元來派給那買中 1 元的人，他就贏了 329 元。

這比起照實際投注數目交到總廠，只折九折的佣金 36 元，就有天淵之別了。

即使這一場，字花廠開了最多投注的「占魁」，「占魁」投注額共 20 元，一賠三十，共賠 600 元，而總投注額是 360 元，即 20 元投注「占魁」的本錢也有 340 元，這字花檔實際只輸了 260 元而已。這一場輸了，下次可以贏回來的，何況開「占魁」的機會，只得三十六分之一？

假如，開的是「安士」，投注 10 元，賠出 300 元，仍有 50 元的純利，這比起只得一個九折回佣，仍有較多利益。

總廠利益被字花檔剝奪

但是，字花檔既從字花廠那裏，取得一個收字花的特權，不能完全不將投注報上字花總廠，假如不幹，會被字花總廠懷疑。因此，字花檔便改用另一種方法報到總廠去，用他們的術語，將這種方法稱為「平流」。

所謂「平流」，就是報上去總字花廠的賬單，一律以平等的數目報上去，而且所報的數目非常微小，通常這些字花檔當時所報的「平流」，是每一個字以下一律報 1 元。

為了便於比較，也用單據的形式，以下表列出來，使讀者知道「平流」的實際情況。平流就是：

×年×月×日×場

合共銀三十六元正			
1. 占魁	一元	19. 銀玉	一元
2. 扳桂	一元	20. 明珠	一元
3. 榮生	一元	21. 上招	一元
4. 逢春	一元	22. 合同	一元
5. 志高	一元	23. 三槐	一元
6. 月寶	一元	24. 合海	一元
7. 正順	一元	25. 九官	一元
8. 坤山	一元	26. 太平	一元
9. 漢雲	一元	27. 火官	一元
10. 江祠	一元	28. 日山	一元
11. 福孫	一元	29. 天良	一元
12. 光明	一元	30. 井利	一元
13. 有利	一元	31. 元貴	一元
14. 只得	一元	32. 萬金	一元
15. 必得	一元	33. 青元	一元
16. 茂林	一元	34. 元吉	一元
17. 青雲	一元	35. 吉品	一元
18. 天申	一元	36. 安士	一元

某記（蓋章）

　　用上述的形式交賬目到字花廠,每一個字,都是1元,共36元。他們以36元交到總廠,還有一個九折,實交是32元4角,總廠定必交回中獎的30元,那末實際由字花檔交到總廠去的銀碼,僅僅是1元4角罷了。

　　字花檔用這種形式向總廠「入流」,當中經過三四年的時間。起初是三幾檔資本雄厚的字花檔如此,由於可以帶來更大的利益,後來漸漸便紛紛效尤,到了1970年上半年,幾乎所有的字花檔都用入「平流」的形式,向總廠交賬目了。

　　面對這種形勢,字花總廠不能不虧本了。另方面總廠的開支非常龐大,除了每日付出數以萬元計的賄款之外,還要支付數百名工作人員的薪金和其他一切的費用,每個字花檔只交來1元多的賬,怎夠應付開支呢?王某開始厭倦字花這門生意,認為無可作為了。

　　賭博問題在本質上,就是社會問題。如果只知賭博的沿革和發展,忽略了社會發展的歷史,就不能夠深入了解每個變革的原因。1967年夏天,香港曾發生過一次動蕩的風潮。這次風潮曾引起多次的宵禁及戒嚴,期間影響到市民的生活,也導致字花曾數度停開。那時,小市民為衣食而奔波,加上戒嚴與動蕩,誰還會買字花?就是有人買,總廠也難於開字。

　　到局面漸趨平靜,總廠才繼續開字。當字花檔紛紛回復以前的光景時,總廠方面看見一些字花檔用「平流」的方式報賬,初時以為這些檔口還未恢復正常。他們也許沒有生意,為了維持他們的營運,自己拿錢出來入「平流」,情有可原。但是久而久之,用「平流」的方式報賬的字花檔越來越多。字花總廠才知道是甚

麼一回事了，於是想辦法應付。

應付的辦法本來很簡單，停辦豈不是沒煩惱了嗎？但是，在字花廠裏混飯吃的人有二三百名，一旦停辦，這些人也只能由王某供給他們的生活費用，所以只能想辦法強迫那些字花檔，不能交「平流」。

舊字花廠不能適應新環境

在過去，可以用各種勢力，強迫字花檔依照全盛時期的方法如實報賬，但那時貪污之風大盛，不少字花檔都有直接的包庇者，而且在風潮時期，這些三山五嶽人物，也曾為包庇者盡過力，故此以舊有方法強迫字花檔交賬目，困難重重。唯一可行的方法，就是開假字。

所謂開假字，就是字花廠派人到字花檔投注他所開的字，每日三場的字花，都是由字花總廠開的。那些字花檔雖然各自為政，但他們仍須依照總廠所開的字來向投注者交代，無法自行開字。上文說過，王某懂得利用報紙刊登花題和開字結果，那些投注者也全部以報上的結果為憑。故此字花檔仍須依賴總廠開字。他們既要吃掉總廠的利益，又要依賴總廠，總廠要從他們的口袋裏取回利益，唯一辦法就是派人到那些字花檔去下注。

開字權在總廠，總廠知道這一場開甚麼字，便派人到各字花檔去買那個字，字花檔不以為意，到開字時開正那個字，他們便得要賠錢，10 元贏 300 元，每檔買 10 元，就贏回應得的利益了。

　　這只是其中一種辦法，因為字花檔中人並非善男信女，他們漸漸察覺字花總廠派人來買字花，於是在那人投注之時，自己加倍投注，把投注這個字的數目，全部交回字花廠去，以為這樣便贏不走自己的錢，反而他們加倍投注，可以贏回總廠一大筆。哪知總廠卻不開這個字，開了另一個字。總廠代表的賭注仍然流回總廠，只損失了一個折頭，但字花檔加幾倍的投注，則又被字花廠袋袋平安了。

　　另一種辦法是，字花廠派人到字花檔投買重注於五個至六個字上，讓字花檔不敢受下重注，照數交回字花廠，字花廠看過字花檔的賬目然後開字的，見到他們照數交來，便不開那幾個字。這樣試過幾次之後，字花檔便以為那個投注者是一般人，偶然吃掉那人所投注的，字花總廠又突然開正那個字，使字花檔又得進貢一筆錢給字花廠了。

　　這就是開假字的伎倆，也是字花檔侵奪了字花廠的利益而採取的步驟，總比不上黃金時代那樣的好景。在這段期間，字花廠只能用這種方法去維持皮費，主持人所得的收益微乎其微，故此王某頗為厭倦，假如不是為了那二三百個同伴，他真會金盆洗手，乾脆不幹了！

　　在 1969 年下半年，某先生發覺王某有金盆洗手之意，認為王某經營字花跟不上形勢，於是向王某示意，他可以接辦字花廠，字花廠內的工作人員全數任用。他又給王某一筆巨款，作為字花廠的頂手費。

　　王某既已面團團作富家翁，而且正感厭倦，對方又是吃得開的人物，於是就交給某先生接辦。香港的字花，自此又換了一個新局面。

　舊的字花廠跟不上當時的形勢，是有兩方面。第一，字花檔既然各自為政，跟投注人賭博，對字花總廠採用入「平流」的方式，總廠的利益被侵奪，應該想個兩全其美的辦法應付，用開假字的方法既勞師動眾，所得又僅足維持皮費，所以跟不上形勢。第二，經過 1967 年騷動風潮之後，那些領了功牌的人物統統升職，他們已組成一個空前強大的貪污集團。這些炙手可熱的人物，在黃與毒兩方面都已大展拳腳，在賭這方面也頗有成績。可想而知，以前由總廠負責「交租」（交賄款）的辦法，已跟不上形勢。

　故此，某先生接辦之後，新字花廠除人事上仍保留原班人馬外，整個字花制度作了一次有史以來的大改革。

新字花廠作重大的改革

　首先是革新處理字花檔的方法。新廠告訴字花檔主，新廠負責替你們開字，你們和投注人賭博，如果沒有字花廠開字，你們就賭不成了，可見字花廠和字花檔唇齒相依。字花廠過去每天要「交租」2 萬元，這筆錢由你們負擔，每一個檔口規定每日交租 10 元來總廠，由總廠收集起來，代為「交租」。其次，為了保證你們的字花檔服從這新政策，每一檔必須先行交付按金給總廠，總廠收到按金之後，才算在總廠登記，按金是每檔 300 元。如果到期未交按金，便作那檔口棄權，總廠另接受別人在那檔口擺設的地方開檔。第三，各檔口一律可以入「平流」，總廠不干涉你們私自與投注人賭博，但是總廠派彩，不是一賠三十，而是一賠廿九；

同時，規定每一檔口入「平流」不得少於每個字 1 元。

某先生這種政策，完全能適應新的環境，是跟上當時形勢的做法。總廠既然已成為負責開字的機關，再不是靠賭博贏錢的機關，那末，它付出的賄款便需由各字花檔分擔。每檔每日付出 10 元，2000 檔字花檔就是 2 萬元了，總廠的職員薪金及其他的開支一則可以從每一場各字花檔交來的「平流」賬目中取得，每檔交「平流」1 元，即每場每檔交到總廠去的款項是 36 元。以一賠廿九結賬，並且取消九折的折頭，便是每場可以抽水 6 元，這筆款項也可以維持開支而有餘。

同時，某先生又懂得照顧字花檔的利益，便設立了字花的新形式的賭法，這賭法有如馬場或狗場所流行的「科卡士」（Forecast）賭法。

在此之前百多年來，字花廠每場定開一個字。例如早場開 36，日場開 10，夜場開 8。某先生的新字花廠，每場卻開兩個字，頭一個字叫正字，第二個字叫「腳」字。例如早場開 36 正字，再開一個腳字 28，他用「$\frac{36}{28}$」這種形式寫成，名為 36 騎 28。意思是：投注 36 個號碼中任何一個，買中 36 號的便中；如果投注兩個號碼相連的，必須買中 $\frac{36}{28}$ 才中，即使投注 $\frac{28}{36}$ 的，也算不中。

這種類似科卡士的新賭法，賠率是一賠五百，即下注 1 元，可贏 500 元，賠率相當高，那就更符合一般賭徒以小博大的心理。但是中獎的機會，則更微乎其微，因為以 36 個號碼分成兩組互相配搭，不下數萬種形式，而賠率只得五百，它的中獎率是幾萬分之一，買中的機會非常低。

新廠創設這種新形式的字花，目的是讓字花檔多做一些生意，

以彌補他們的開支。因為有了「新彩池」，貪心的賭徒或多或少都會投注。每場有十多元投注於新彩池上，就等於進貢給字花檔，彌補字花檔付給新字花廠的費用。

從 1969 年至 1976 年，是新形式、新制度的字花最全盛的時代。到 1977 年，由於立法局通過了《1977 年賭博條例》，字花廠和字花檔才告銷聲匿跡。

1977 年 2 月 17 日，是農曆丙辰年的大除夕，當天立法局突然三讀通過取締非法賭博的《1977 年賭博條例》。該法例對於各種私賭規定罰則極嚴，並且嚴禁登載非法賭博消息。春節假期過後，那些刊登字花結果的小報，已率先停止刊登，這對字花打擊最大，一向習慣了從報刊上看花題和結果的賭徒，驟然看不到，對字花檔已失去信心。

可是一紙法例並不能將活躍百多年的字花完全撲滅，假如字花總廠仍然在包庇者保護之下，字花不會被消滅。當新的賭博條例頒行之初，字花總廠仍然開字；但只開了十多天，便自動停開了。

原來，自從廉政公署成立後，從前那貪污集團的強大組織已逐漸瓦解，那些炙手可熱的人物，先後自動退休，並且到外國去作寓公，剩下來的二三流人物也都人人自危，他們也都想盡辦法離開香港；對於字花，也感到不容易包庇下去。

縱然某先生在這幾年裏已飛黃騰達，新法例對開賭者可判徒刑兼高額罰款，對某先生心理威脅最大。如果包庇者像以前那樣強大，那是不足為懼，偏偏那時包庇的人已今非昔比，已處於自身難保的處境中，萬一他們倒戈相向，事情就不易辦了。在這種形勢下，某先生便毅然決定金盆洗手。隨著字花總廠停開，字花便告禁絕。

第九章　跑馬與賭馬

1842 年至 1890 年，跑馬是體育活動，那時並無賭馬。自 1891 年起才有賭馬制度，但直到 1931 年仍未流行，從抽佣中所得不足以支持賭馬經費。但自從發行大發票之後，賭馬制度基本確立，為政府及馬會帶來巨額的收益。到了戰後，不斷發展賭馬事業，到 1978 年又邁向另一個高峰。

香港的合法賭博，除麻雀天九耍樂之外，論歷史悠久，當輪到賭馬。

賭馬是用賽馬的形式進行的一種賭博，如果沒有賽馬，就沒有賭馬。例如 1978 年 1 月 14 日，馬會的馬房工友採取工業行動，不把當日賽跑的馬匹牽到馬場去，是日宣佈停止賽馬，賭馬也同時停止。

但是，並不是有賽馬就有賭馬，每年上水馬場都有馬術比賽，這是沒有賭注的賽馬，並不接受投注。

因此，在香港賽馬史上，應分為兩個階段：一個階段是純粹的賽馬，另一階段是賭博性的賽馬。若以年代分期，是 1842 年至 1890 年為無賭博性賽馬期，1891 年起至今，是賭博性賽馬期。本章將以跑馬與賭馬為題。

考諸世界賭馬史，無不一樣，都是先有賽馬。當賽馬發展到某一階段時，才有賭馬出現。

賽馬最初在澳門舉行

外國的賭博性賽馬種類繁多，有賽馬車，越野賽馬和跳欄賽馬，以及跑馬等各種項目，而香港的賭博性賽馬只有跑馬一種。

跑馬古已有之。人類發明跑馬、策馬競跑，最初的目的是作為選種的一種手段；把跑得最快、體力最強健、能任重致遠的馬作為種馬，使牠們互相交配，繁殖下一代。當達爾文發現阿拉伯民族不但以賽馬作為選種手段，而且以賽馬作為促進馬匹性能的進化手段時，將這種發現加以科學的分析，介紹到英國去，英國人接受這種理論，才開始有賽馬；並利用競賽的形式，訓練和繁殖純種馬。

在英國全盛時期，隨著它的炮艦所到之處，這種玩意也隨之而來。所以，從前英國的殖民地裏，差不多每一個大城市，都有賽馬。香港有賽馬，也起源於此。

但是，香港的賽馬並不立即隨著英國人到香港而起。英國人1841 年來到香港，但那時鴉片戰爭並未結束，香港的英軍經常被調往別處作侵略戰爭，顯然還沒有餘暇舉行賽馬。到 1842 年 8 月 29 日簽訂了《南京條約》之後，香港才舉行第一次賽馬。

據第一任港督砵甸乍的記事冊所載，1842 年和 1843 年，香港舉行過兩次賽馬，不過，地點是在澳門舉行。香港賽馬，怎會在澳門舉行呢？這因為當時香港並沒有合適的場地，而澳門有一處跑馬地，我們可從 1840 年的一張澳門地圖中可以證明這一點。附圖為1840 年澳門地圖，圖中「1」是界線，相當於現時的關閘。「2」是跑馬地，按地圖的位置，相當於今日澳門關閘馬路近黑沙環一帶。

1840 年的澳門地圖，圖中的 2 是當年的跑馬地。

　　其實，不單起初兩次香港的賽馬在澳門舉行，砵典乍的繼任
人戴維斯任內，賽馬仍在澳門舉行，一直到 1844 年，每年如是。

　　《香港建築業百年史》第 84 頁載云：

　　　　香港有賽馬的玩意，在記錄上，始自一八四五年
　　　（按：英人到香港後，便有賽馬舉行，一八四二年至
　　　一八四三年那兩屆非正式的香港賽馬，是借用澳門馬場
　　　舉行的）。最初週年大賽，要借用澳門黑沙灣馬場舉行，

直到一八四八年，香港才自設馬場。一八五〇年週年大賽馬，在港隆重舉行，算是本港開埠的第六屆。

必須指出，當時的賽馬並不如今日的賽馬，變成賭博；而且當年的賽馬，也不是每個月跑若干次，而是一年跑一次，故此稱為「週年大賽馬」。當時的賽馬是單純的體育活動，有跳欄，有其他的馬術競賽。場內並沒有投注站。

每年在 1 月至 2 月間，都有「週年大賽」這項節目，這就是當年週年大賽的遺跡。

至於馬會的組織，據一本名為 POW MA（《跑馬》）的書所載，初期的馬會因每年只跑一次馬，是以每年組織一次，由愛好賽馬者於舉行大賽前兩個月，組織一個名叫「賽馬委員會」，以籌備這一年度的週年大賽。週年大賽結束後，這個賽馬委員會的業務便告停頓，又到下年週年大賽之前組織起來，籌備一切。

為甚麼要這樣呢？因為，當時賽馬只屬於洋人的活動，並未成為公眾活動，而參加一年一度賽馬的，大部分成員是英軍。英軍是經常調動的，今年在香港，明年也許調到新加坡或印度去。還有其他愛好賽馬的洋人，大部分是洋行大班或高級職員，他們也會調職。今年賽馬委員會的成員，明年可能大部分不在香港，是以必須每年組織一次。

上文所引用的《香港建築業百年史》中，有幾點需要說明一下：該文說 1848 年香港自設馬場，而 1850 年的週年大賽是第六屆。若以 1842 年為第一屆，每年跑一次馬，到 1850 年，應該不止六屆。由此可證，其中必有幾年停止賽馬。

馬會只有 1849 年以後的紀錄

我們若參考港澳間的關係史，便不難想像得到停止賽馬期間，是 1845 年至 1847 年。事緣 1844 年，本港頒佈了《領事事務條例》，該條例規定，凡在中國境內之英國人民，一律適用英國法律，並規定香港適用英國司法權。其中第四條特別聲明，澳門地方應概括在中國境內，英人在澳，當然不受葡萄牙政府管轄。這條法例一度使港澳之間的關係非常不愉快。這樣，可以想像 1845 年的賽馬，不能再在澳門舉行的原因。

《跑馬》一書也有如下的敘述：

> 據馬會本身的紀錄，只有一八四九年以後的賽馬紀錄，但如果說香港賽馬始自一八四九年，則又與許多其他文物矛盾，顯然並非事實。
>
> 最令考古學家頭痛的，是一八四六年的《中國郵報》宣佈十二月十三日和十八日兩天賽馬。但不幸的是，在該月的《中國郵報》合訂本中，從十八日到廿三日，五日的報紙沒有在合訂本內。很可能這幾天是假期，報紙沒有出版。幸而一八五〇年的《中國郵報》刊登的賽馬消息，是第六屆的週年大賽，因此推算起來，可以肯定週年大賽在一八四五年舉行的，至於以上的幾次賽馬是否在香港舉行，則無法確定。

文中所提到與文物互相矛盾，除了指《中國郵報》刊出 1846

年 12 月有兩天賽馬之外，還有和一些和賽馬有關的風景畫相矛盾。
關於香港馬場的風景畫，《香港建築業百年史》第 84 頁載云：

> ……英國畫家巴普地斯達有一幅描寫跑馬場風光的
> 水彩畫，聽說是一八四八年完成的。這與《香港小史》
> 所記載的恰巧互為印證。根據兩幅水彩畫的內容，當時
> 跑馬地四周都是山谷，跑馬場中間是山谷中的盤地。最
> 初僅有一個跑道，還未設試跑的沙場。

第一個竹棚看台於 1848 年完成

1847 年怡和洋行馬房操馬圖

　　作者發現一幅 1847 年所繪成的怡和洋行試馬圖，這幅圖畫可補上述兩畫的不足，說明了香港的賽馬在 1848 年舉行。這樣，可以印證 1850 年是第六屆的大賽。即自 1842 年至 1844 年，三屆賽馬都在澳門舉行，《中國郵報》所刊出的 1846 年賽馬，顯然準備在澳門舉行，但告吹了。1848 年至 1850 年三屆在香港舉行。因為 1847 年的試馬，必然是準備於 1848 年出賽。

　　作者又可以從另外一些史料，證明 1847 年的賽馬並沒有舉行，同時也證明 1844 年，即第三屆賽馬仍有舉行，這一證明，可從一項錦標賽的沿革中找到。

　　這項錦標就是「全權公使盃」，照《跑馬》一書的作者考證，這「全權公使盃」是早期跑馬在週年大賽馬期內舉行的錦標賽。這項錦標是 1844 年，由時任英國全權公使、駐華商務監督、香港總督戴維斯爵士送出來的。

　　戴維斯（John Davis）早期在香港的事跡，中西史書都有記載，說他和香港的英商以及若干英國官員不和，被描寫為最不受歡迎的港督。因此，早期香港師爺替他譯成一個古怪的中文名字，叫爹核士。今日香港有條爹核士街（Davis Street），便是用他的名字命名的街道。

　　第一次鴉片戰爭後，香港總督的全銜，是「英國駐華全權公使、駐華商務總監、香港總督」。這三個銜頭，以第一個為最大，戴維斯送出來的一隻銀盃，便以「全權公使」命名。這項錦標，直到第二次鴉片戰爭時，由於英國已另委額爾金為全權公使，香港總督實際上只

送出「全權公使盃」的港督戴維斯

負責香港一地的事務，連駐華商務監督的職權也削去了，故此這項錦標亦告取消了。

香港賽馬會只有 1849 年以後的紀錄，要研究 1849 年以前的香港賽馬史，只有採用其他史料作為旁證。《跑馬》的作者指出，1847 年的週年大賽馬，香港的馬主為了杯葛戴維斯，不報名參加他的全權公使盃。但該書沒有提到 1847 年週年大賽馬是否仍然舉行，只是說，由於戴維斯和時任按察司曉吾不和，香港的英商上上下下都支持曉吾，導致杯葛戴維斯送出的全權公使盃賽事，所有馬匹不報名參加。

戴維斯當時是全權公使，身兼駐華商務總監和香港總督等職，權力大於一切，當時的賽馬委員會敢於杯葛他的全權公使盃，而這一年的週年大賽能夠順利進行，寧非怪事？

然而，為了研究歷史事實，作者不敢武斷。最佳的辦法，還是將戴維斯與曉吾之間的恩恩怨怨，以及當時香港的英國人對戴維斯的印象，與戴維斯處理一切事務的態度等等詳細排列出來，然後讓讀者下判斷吧！

香港的政治制度，實際上是由戴維斯親手制定，今天人們要是讚揚香港是法治之區，讚美香港的政治制度如何的美好，就不應把戴維斯描寫成為最不受歡迎的港督。但是，偏偏有些歐籍的歷史學者，在他們的著作對戴維斯謗多於譽。

今天的高等法院，由戴維斯親手建立。香港首位按察司曉吾，和戴維斯同坐一艘軍艦來香港的，從大西洋而來到南中國海，彼此之間應該相處和洽。而且來到香港，又一同建立香港的法治制度，設立高等法院，到底何事促使他們之間不和？甚至發展到香

港的大部分英國人都支持曉吾，而對抗戴維斯呢？原來，全由「甘頓案」而起。

甘頓案影響賽馬停頓

甘頓案是一件由英國人毆打中國人而引起的案件，事件本來發生在廣州。顧名思義，甘頓是本案的主角。戴維斯認為甘頓在廣州毆打中國人，引起衝突，影響中英邦交，故此判甘頓有罪；但甘頓不服，來港上訴於高等法院，按察司曉吾判他上訴得直。就此引起軒然大波。

馬沅編的《香港法例彙編》第一卷乙冊內，詳述戴維斯與曉吾的結怨經過：

> 自香港讓治於英國迄於此時，一向適行軍法。
>
> ……及新任總督約翰戴維斯到港履新，有新任官吏二人隨來，計輔政司布魯士（F. W. Bruce），正按察司曉吾（J. W. Hulme）及高等法院登記官羅拔奇是也。各新任官吏，奉英廷命於一八四四年五月七日乘英艦士批夫號抵港，翌晨正式登陸。總督即日宣誓就職，並分別加委及調動屬下官吏。原任裁判司堅吾。官職雖未更易，惟其司法權責僅限於違反警律及簡易民事範圍，與英國警察審判官之職權相等。
>
> 正按察司曉吾自隨新任總督到港後，越月即被委為

立法委員，但高等法院遲遲未能組織成立。迨是年七月廿
八日新任總檢察官史德陵（P. I. Sterling）抵港兼任行政委
員。乃會同正按察司草擬高等法院條例（一八四四年第
一五號），八月廿一日頒行。該例第一條，規定廢除以前
駐華司法院之刑事及海事法庭，即指是年三月四日開庭一
次由前總督樸鼎查出任按察司者。而原日駐華司法院管轄
一切訴訟事件悉劃歸駐在地之英國領事官執行裁判，第三
條規定該院適用英國法律，惟華人刑事訴訟得採用中國法
律。至此，香港高等法院即告組織成立，於十月一日首次
開庭，由正按察司總檢察官出庭執行職務，於是曉吾乃為
本港第一任正按察司，而史德陵則為第一任總檢察官也。
查該院舊址，原在今中環之威靈頓街。

　　高等法院開幕之日，正按察司依規定時間於上午十
時出庭，官紳臨場觀禮者頗眾。當由登記官宣讀開幕詞，
而是日工作僅有當庭批准狀師律師各一人執業。律師為
方甘氏（E. Farmcomb）原經在港執業者，狀師為總檢察
官史德陵，由法院批准兼業狀師。方甘及史德陵即為香
港法院正式批准律師及狀師之第一人。是日開幕，禮成
即退庭。翌日（二日）繼續開庭，首次審理刑事案一宗，
傳集陪審員十二人列席陪審，由總檢察官代表政府出席
主控。此宗刑事案被告人為華人艇戶某氏夫婦。被控略
誘少女二人罪。事緣被告夫婦與兩女子固為舊識，某日
設法誘使登舟，縛而幽之，挾以俱去，駛赴省河，鬻為
娼妓，每名售價九十員嗣為女子親屬查知，具金取贖，

乃得合浦珠還，遂報由本港警察將彼夫婦逮捕，在該院開幕之翌日解案審訊。結果，經陪審員一致審斷成立罪狀，正按察司判處被告夫婦監禁十八閱月，其夫則兼作勞役。

查高等法院當日組織條例第廿五廿七兩條規定：每年開庭四次審理一切民刑訴訟（按當時稱為季審）。嗣以民訴事件日見堆積，遂於一八四五年八月頒佈是年第九號條例設立簡易民事庭，劃分民事管轄本權及簡易管轄權範圍，規定開庭時期，併由正按察司處理。至一八六二年然後加委按察司一人專理此項簡易民事訴訟事件。

一八四六年七月四日（遜清道光廿六年丙午五月十一日）英人甘頓（C. S. Compton）在廣州業商，嘗因小故毆打華人生果小販，值華官巡城出而干涉，甘並以手杖擊之。翌日。又以別故凌辱華人，致肇事端，激怒群眾，發生鬥毆，引起駐軍互相搏戰。此役死華人三名，經當道交涉事始寢息。而英國當局以甘氏擅生事端，引起華人惡感，妨害中英親睦邦交，遂由時任總督戴維斯以駐華全權欽使兼商務總監名義飭令廣州英領事麥基里哥（F. C. McGregor）逮捕甘氏，依據領事條例規定遂兇鬥毆妨害邦交兩條處罰二百元示懲。甘氏不服判決，躬自來港以非法審判援律錯誤為詞，進行上訴於高等法院。是年十一月廿四日由正按察司曉吾研訊，閱二日宣判，判決上訴得直，撤銷原判。判決理由謂原判採用兩重法律施

罰，於法殊不公平，認為審判錯誤。但總督以此次執行
判決為自己所主張，授意該領事處罰者，而援律亦無不
合，遂將全案事由及卷宗奏聞英廷，求達維持原判之目
的。詎當時在華英僑多表同情於甘氏，且認定正按察司
之判決適當，則亦聯名上書英廷表明英僑態度。此案乃
當日重要事件之一，即所稱之甘頓案，為當時粵港及英
國社會所極端注意者。英廷據報，恐官民爭持事體擴大，
則輾轉更深，遂意存緘默，原案留中不發，以不理了之。
毋如總督以所爭無效，乃遷怒正按察司，後來總督與按
察司搆怨，正按察司卒被免職，蓋肇端於此一事者也。

　　當甘頓案進行上訴高等法院時，總督戴維斯嘗致
書正按察司。謂英人在華每有借故生事恃勢凌人舉動，
是足以妨害兩國親善邦交。今甘案上訴允應駁回，俾為
將來越法者戒。顧研訊結果適得其反，遂以一八四四年
第一及第六號領事事務條例規定領事裁判有上訴香港高
等法院之權益，認為於商務總監之特權多所妨礙，當於
一八四七年一月另頒是年第一號領事事務條例，取銷上
訴香港高等法院之權益，並規定領事裁判權限：凡案犯
判處監禁不得逾十二閱月，罰款不得逾五百元，如超逾
此限應申請商務總監裁定之。然一切處分，商務總監有
執行減輕或赦免特權。以此訓令駐粵領事麥基里哥，嗣
後應遵奉新法辦理。故在斯時，在華英僑訴訟事件之上
訴權益已因是而被剝奪矣。

港督與按察司鬥法

　　一八四七年四月二十日高等法院附設之海事法庭開庭，日期經總督戴維斯擬定，按例海事法庭由總督與正按察司會同出庭審判，乃是月刑事庭案牘繁多，預料屆期不能完結，而廿二日又為簡易民訴庭開庭期，正按察司以不暇分身故，曾要求總督另行改期。總督不允，亦不宣示理由。當海事法庭開庭之日，正按察司即亦撥冗出席，是日所訊為尖帽灣海盜案。詎在會審之際，總督與正按察司意見參差，總督不懌；重以前次嫌隙，遂致借意發揮，遽加斥責，聲色俱厲，彼此當庭齟齬不稍假借，勢成水火，因此結怨逾深。未幾總督指正按察司曉吾性嗜酒，常至償誤公事為詞，專摺上奏英廷提出彈劾，英廷覆令香港行政委員會檢舉。然而總督奉令以實行檢舉，窒礙殊多，遂又以事屬小節不必苛責為請。英廷不許，以該按察司職掌司法，責任綦重，如果酗酒償事，何以處理民訟？何以表率群僚？今該督既已提出彈劾，倘不執行檢舉，則須向被彈劾者表示歉意等情。總督見事已擴大，勢成騎虎，遂於一八四七年十一月廿二日傳英廷命召曉吾正按察司出席行政委員會質訊。所列罪狀凡三：（一）一八四五年在軍艦亞珍葛號宴會中犯酗酒行為；（二）一八四六年七月在得忌笠將軍府宴席中犯酗酒行為；（三）嗜酒性成常致償事。當經行政委員會傳問當日在場文武官員，研訊三天至廿七日完竣，結果

三事均無切實佐證，不能遽入其罪。

　　詎同月三十日政府發出佈告云：「現奉理藩院令開：香港高等法院正按察司曉吾，即予免職。正按察司曉吾應免本職，遺缺由總督暫委甘比爾署理。仍候英廷覆示批准。此令。」於時全港中西人士皆表同情於按察司者，驟聆撤任之訊，莫不表示遺憾。有擬發起聯合請願慰留者，嗣以任免官吏，政府自有權衡，人民莫能阻止，請願之舉乃罷。曉司既卸任，定期十二月三十日乘英鐵行公司北京輪船離港返國。當啟程前，曉氏盡以藏書及法律書籍留贈高等法院附設之圖書室。現在該室藏書尚多曉氏之手澤也。港中團體人士以曉氏在港執掌司法以來，任事賢明，理訟尤能伸明正義，功德在民，遂紛紛籌備歡送，贈物以為紀念。其中團體，一為在港西人聯合會，二為僑粵英人，三為特別陪審員全體，四為法律界同人，五為閩港華僑。

　　迨曉吾氏離港後僅六閱月，至一八四八年六月十六日本港政府復有曉氏復職之佈告。文云：「原任香港高等法院正按察司曉吾，現奉英廷理藩院令復回本任。仰閩港人民一體知照。此佈。」蓋曉氏適於是日自英回港。繼續任事。斯時總督戴維斯業於是年三月三十日卸任歸國，而新任總督為佐治般咸。先是同年三月甘比爾在署理正按察司任內，以高等法院所在地即威靈頓街原址，地方狹隘，不敷辦公，適大道中得忌笠街口新建屋宇一座（即華人行現址），原擬闢作商行之用者，建築宏

敞，地點適中，乃略加改建為新院址，經於三月時遷入
辦公。並加派英陸軍一小隊駐守，專任拱衛之責，直至
一八五七年三月始撤去拱衛士兵。

戴維斯就是因這件事與全港英人不和。事件的性質，在於他
認為當時的英國人，每每借故生事，恃勢凌辱華人，足以妨害中
英的親善關係，基於這一點而起磨擦。曲直在哪一邊？到了 1970
年代，相信任何人都會分辨出誰是誰非。但在 1950 年代以前，那
些為殖民主義者服務的歷史學者，自然認為戴維斯的做法不當。

整個事件自 1846 年至 1847 年，從戴維斯處事的認真態度看
來，應該有理由相信，1846 年和 1847 年的週年大賽馬不會舉行。
這樣，就可以説明 1850 年是第六屆週年大賽馬了。

馬場從前是黃泥涌村耕地

今日的馬場，本來是黃泥涌村前的稻田和菜田。新界錦田村
鄧族現仍保存著乾隆年間（1736 年至 1796 年）的《香港等處税畝
總呈》的文據。該《總呈》內有一頁記載黃泥涌村田畝的情形，
內稱：

> 承祖鄧春魁等所遺乾隆年間買受東莞税田總名裙帶
> 路，內分土名黃泥涌等處，計下税三頃零，有斷賣炳（憑）
> 據，向批佃戶彭、田、吳各姓耕種。

　　由此可見，黃泥涌是一條古村，這條村在乾隆年間已經存在，而且田畝納糧，會納到東莞縣去。又錦田村鄧族的《香港等處稅畝總呈》內，還有一張道光二十四年（1844年）由該村族長鄧致祥等具狀向新安縣知縣投訴黃泥涌村佃戶抗不交租的狀詞。該狀詞間接指出，英人為了建跑馬場，使該處的農田不能耕種，是以

1870年，從黃泥涌後的一座山向下望，可見跑馬地全景，以及屹立在摩利臣山頂的平房建築物。

攝得快活谷馬場的最早期圖片之一，背景中的黃泥涌村清晰可見。攝於1870年。

鄉人無法交租。同時,也因為香港已有自己的土地政策,錦田鄧族在黃泥涌內的稅田沒有照英人的土地法在香港登記,佃農既不受保障,田主亦沒有合法的權益,自然無法交租了。

現時的香港馬場是 1844 年開始建築,最初建造的是一條跑道,建於黃泥涌邊。黃泥涌是一條用以灌溉該處農田的小涌,從鵝頸灣而出海。水源是從山上流下來,而涌水經常混有黃泥,故名黃泥涌。現時繞著馬場的馬路,稱黃泥涌道,正是黃泥涌的遺跡。

跑馬地的英文稱為快活谷(Happy Valley),這名字與英倫一處墳場同名,含有「極樂世界」之意。查 1842 年至 1843 年間,駐港英軍多染瘧疾而死,死後即葬於快活谷的山邊。現在馬場對面仍然是墳場,墳場內有不少墳墓,是初期英軍的葬身地。馬棚是用竹和葵所搭成,馬場當中是一片低窪地帶,該處現時是球場。

香港早期運送馬匹的情形

初期賭馬只是賭「牙骹」

香港既有自己的馬場，但並非意味著香港有馬場即有賭馬。賭馬是十九世紀末期才有的。初期香港的賭馬，只有騎師與騎師之間，馬主與馬主之間的「牙骹賽」。的確，這是名符其實的高尚體育娛樂。

考諸世界賭馬史，在英國初期的賭馬也是屬於「牙骹賽」，現在香港也和英國一樣，每年有一場「打吡賽」，這和賭馬有關。事緣十九世紀初，英國已盛行賽馬，當時有兩位爵士，一名打吡（Derby），一名奧克斯（Oaks），他們在一場三歲新馬雌雄混合賽中，互相打賭。打吡爵士和奧克斯爵士各選一匹馬為對象。打吡爵士說：如果你選的馬跑第一，這一場三歲雌雄馬混合賽的賽事，以後就以你的名字命名；假如我選的馬跑第一，就以我的名字命名。兩人握手為定，結果，這場果然跑出打吡爵士所選的馬。因此以後在英國，三歲新馬雌雄馬混合賽事，便定名為打吡賽。這是當年英國賭馬的情形。

在香港，初期的賭馬也是這樣，馬主與馬主之間，騎師與騎師，或甲與乙，丙與丁之間，各選一馬為打賭對象，或賭一支香檳、一客晚餐之類。賽馬，尚未發展成為賭博。這情形維持了幾十年。

上文說過，香港賽馬每年舉行一次，稱週年大賽馬。每年組織一個賽馬委員會，這組織一直維持到 1884 年。當年，由於列強都向中國擴張勢力，香港成為各國商品的轉口站，歐美各國人來港者不少，都在港設立他們的「會所」，如德國會所、美國會所及西洋會所等。還有各國的洋行，這些歐西人士不乏愛好跑馬的人，

加上香港馬場已粗具規模，因此便成立一個永久性的馬會，稱為
「香港賽馬會」。第一次籌備會議，在大會堂舉行。

商業發達馬主人數增加

　　香港賽馬會初時的會章，訂明會員的成員，以去年的賽馬委
員會的成員為當然會員，其次加入各國會所為會員，所以這個賽
馬會是清一色由洋人主持的，不許華人參加。華人只可以當觀眾，
不能成為會員。

　　當時香港的主要交通工具是馬和轎，馬是最快速的交通工具
之一。故此每一間洋行，都有它們自己的馬房，大富翁和洋行大
班私人也有，更有自己的馬車和坐騎，比起初期只有英軍以及幾
個大鴉片煙商有馬，形勢完全不同。香港賽馬會的成立，具備其
歷史條件。

四位創造香港賽馬歷史的爵士

保羅・遮打　　　亨利・梅　　　何姆斯基・莫迪　　　埃利斯・嘉道理

　　1884年前後，各國商人來港開設洋行，必然先行買馬及養馬，正如今日來港開設商行的人必先買汽車代步。他們自然亦加入賽馬會為會員，將所養的馬挑選幾隻參加週年大賽馬。香港賽馬會亦因此成為各洋行高級人物和香港政府政要的交際場所，也成為香港政治、經濟、文化等統治階層的俱樂部。

　　當時的政府首長必然有馬代步，而且不只一兩匹，是以政府首要都是馬主，三軍司令、港督，當然也是馬主；因此早年的賽馬紀錄，冠軍馬主多是知名之士。

賽馬場正面大看台，威廉‧羅便臣爵士與知名人士在座。
（約1890年）

興高采烈的雷內爾先生，淑女盃得勝者。（1894年）

　　例如，照馬會的紀錄，1850 年，港督般含有一匹名叫「誘惑」的馬，曾得過多次冠軍。又如 1853 年，著名鴉片商人顛地的一匹名叫「金手指」的馬，也奪得多項錦標；怡和洋行的羅拔渣甸的一匹名叫「錫克」的馬，連續五年，即由 1852 年至 1856 年，贏得「婦女銀袋」。

　　從當時賽馬的時速，來證明參賽馬匹大多是「非純血統賽跑馬」，也是平時用以代步的坐騎。如 1851 年跑兩哩的時速為 4 分

即場賽馬（約 1890 年）

1858 年度的「打吡」大賽，是日通往快活谷的路上，擠滿了行人、轎和馬車。

12 秒，跑哩半的時速為 3 分 7 秒正。這種速度和現時快活谷跑馬最低班的時間比較，慢了將近一半。

　　1884 年香港賽馬會成立之後，賽馬仍是一年舉行一次，仍稱週年大賽馬。由於有了永久性的賽馬會，賭馬，就在幾年之後出現。

　　香港開始有賭馬，是在 1890 年。老吉先生在他的《馬場三十年》一書，有如下的敘述：

1858 年，由摩利臣向下望，快活谷的賽事正進行得如火如荼。

快活谷的現代化建設，於 1964 年竣工。

　　馬會舉辦博彩彩池,是在一八九〇年香港賽馬會正式成立後的第六個年頭,方才設立。原因是如果單單競賽而沒有博彩,當然不夠刺激,可惜當時看賽馬的馬迷少,馬會收入不多,自己舉辦彩池,人力與物力兩皆不足,於是只有在「招商承辦」這四個字上動腦筋了。

　　可是雖然招商承辦,卻因博彩者不多,承辦商起初大虧其本,只有退辦。馬會於是便收回自辦,哪知也是不得其法,於是再度招商承辦,但仍是虧本。直到一九三一年,馬會再度收回自辦,更設立了辦房制度,當時管理馬會的是「連士得馬爹核士會計師樓」(按:也即是改組後現在的「畢馬威會計師事務所」[Klynveld Peat Marwick Goerdeler]),主持的秘書是布朗(Brown),副秘書則是司烈(Sleap)兩位,而管理辦房的賣辦是鍾錦洪三叔。

　　事實上,賭馬應該由 1891 年開始,1890 年只是一種試驗,並且還未有適當的博彩辦法。本書第五章所引的《賭博條例》,名為《1891 年賭博條例》,是將 1844 年及堅尼地在內的 1876 年的賭博條例重訂的法例,該法例的重訂,一方面是管制當年的非法賭博,另方面是對賭馬加以規定。法律不外乎人情。故此作者相信,賭馬實際是由 1891 年開始的。

　　老吉先生是對賽馬有研究的一位新聞從業員,他的《馬場三十年》一書所說的有關香港賽馬和賭馬的歷史,應該可以相信。他說賭馬到了 1931 年,馬會收回博彩自辦,並且設立「辦房制度」,

這短短的幾句話，表明香港的賭馬制度，是在 1931 年才確定下來。即是說，今天香港的各種賭馬方法及形式，都是由 1931 年開始奠定基礎，然後隨時代發展起來，演變成今天風靡港九市民的合法賭博。

初期賭馬不受社會歡迎

從 1891 年到 1930 年間，賭馬是在「招商承辦」的基礎上進行，但因「博彩不多，承辦商起初大虧其本，只有退辦」，顯見賭馬長期不受人歡迎。但是雖然已確定了賭馬的辦法，又不能取消賭馬，因此「馬會又收回自辦，哪知也是不得其法，於是再度招商承辦，但仍是虧本」。這幾十年來反反覆覆地用「承辦」與「自辦」的方式賭馬，證明賭馬如果沒有公眾支持，無法站得住腳。

為甚麼 1931 年開始，賭馬能發展起來，成為最流行的賭博呢？社會學者今天指摘政府鼓勵馬會開設眾多的場外投注站，批評它助長賭風；這種指摘的真正意義，就是說明賭馬要依靠公眾的支持，不能再是紳士們高尚的體育活動。

1931 年開始讓賭馬站穩基礎，關鍵在於發行馬票。馬票，現在已成歷史陳跡，香港賽馬會已於 1977 年宣佈停止發行。所謂馬票，又稱「大馬票」，是一種搖彩與跑馬混合而產生中獎者的賭博。

大馬票是用搖彩與跑馬混合而成的一種彩票，每張馬票上印有一列號碼，公開發行每張售價 2 元。開彩的辦法是，到了截止日期，先由馬會用攪珠攪出數十個入圍號碼，再用攪珠的方法，

攪出十多個號碼,用以配上在大馬票錦標賽的一場出賽馬匹,待出賽果,那一匹馬跑第一的,這馬匹所配的號碼就是頭獎,第二名所配的號碼就是二獎,第三名所配的號碼是三獎。其餘的落第馬,以及那些沒有攪出配馬出賽的號碼,全部算是入圍獎。

故此,每一次發行大馬票,馬票上都有印明這次以那一場馬作為開獎。香港的大馬票每年舉辦三次,即夏季大馬票、秋季大馬票和春季大馬票。跑大馬票的錦標,是「廣東讓賽」、「皮亞士盃」和「打吡賽」。「廣東讓賽」在秋季舉行,一般稱為秋季大馬票,「皮亞士盃」在週年大賽期內舉行,那時是春天,故稱春季大馬票;「打吡賽」多在賽馬季節結束前舉行,其時已是夏天,故名夏季大馬票。

已於 1977 年宣佈停止發售的大馬票。此圖為 1969 年《春季大馬票》的正面。馬票上的英文,並無春季大馬票字樣,但背面則有中文說明。

春季大馬票向例由皮亞士盃錦標賽配馬開獎。該次開獎日期為 1969 年 3 月 22 日,第八場皮亞士盃。

大馬票是賭馬事業大功臣

　　發行大馬票以來，深受公眾支持，它是賭馬史上的「功臣」。若沒有大馬票的發行，就沒有這麼多人注意跑馬，誰還會到馬場去賭馬？

　　大馬票能夠受到公眾的支持，是基於一種僥倖心理，它能夠給人一種一旦中了頭獎，即能一勞永逸，可以永遠享福的希望。以 1931 年的物價，當時頭獎大馬票可得 10 萬大元，在當時來說，可以買兩幢四層的樓宇而有餘，當時一般工人的薪金每月只是十多元，10 萬元可是他們一生所得的工資的數倍。就是這種力量，在吸引公眾的興趣，使大馬票成為最暢銷的彩票。

兩條與賭馬有關的法例

　　大馬票因為受到公眾的支持，因此也帶來了額外的稅收，因為賭馬和政府的稅收是有直接的關係，賭馬越流行，政府的稅收也越多。因此，就不是只顧指責政府助長賭馬風氣，政府就會收手，把賭風遏止下來。為了證明賭馬能為政府吸納大量的稅收，我們可以從兩條同時產生的法例加以說明。這兩條「雙子式」法例，就是

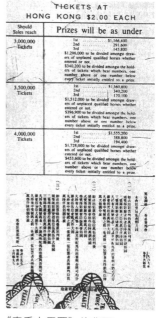

《春季大馬票》的背面

1931 年制定的《競博稅條例》與《競博稅規則》。

茲將這兩條條例引錄於後：

競博稅條例 Betting Duty Ordinance.

一九三一年四〇號，規定賽馬彩票電算機獨贏及搖彩徵收競博稅及有關賭博法律修正條例，一九三二年一月一日公佈施行，一九四〇年三三號，一九四一年二〇號，一九四七年第七號，一九四九年第六號及四九號各條例及一九五二年甲第五〇號公佈修正在案。

第一條。本例定名為競博稅條例。

第二條。本港普通會社或博賽會每次呈准警務處長書面許可，暨須依照處長酌定之條件辦理，得舉辦賽馬搖彩馬票。但全部收益除納稅後，派彩不得少過百分之八十八，如由馬會舉辦者，不得少過百分之七十二。（一九四一年二〇號，一九四七年第七號）

第三條。在本港舉辦賽馬之普通博賽會呈准警務處長給予書面許可，暨遵照處長酌定條件辦理，得在馬場舉辦電算機獨彩或搖彩馬票。但全部收益除納稅後，派彩不得少過百分之九十。

第四條。（一）本港會社舉辦賽馬搖彩馬票，須編列號碼，釘成小冊，依警務處長指定，附以聯根票或不附聯根票辦理之。但警務處長得許可任何會社發行會友博賽單，列明博賽者姓名。

（二）外埠會社或團體舉辦賽馬搖彩馬票由本港普通會社，或賽馬會代連者，呈由警務處長書面許可，得發會友博賽單，悉由博賽人自行簽名於單上，或發行編列號碼釘成小冊之彩票，由警務處長決定之。

第五條。凡彩票，博賽名單，收據或其他代替彩票物品而列具號碼屬於搖彩或電算機獨贏票，不得印製，發行，發售或兜售之，但經向警務處長獲得許可之會社或會社代表依本例之規定行之者不在此限。（一九四九年第六號）

第六條。（一）依本例規定舉辦之電算機獨贏彩票所徵稅率，應照立法委員會隨時以決議案議定者徵收之。自一九五二年四月一日起，所徵稅率應為百分之五（一九五二年四月以前原徵百分之三）。直至立法委員會按據本項規定以決議案另行訂定稅率時為止。（一九四九年四九號，一九五二年甲五○號）

（二）凡售出每一賽馬搖彩馬票或依第四條規定博賽單之賽馬彩票，應照所收數目徵稅，其稅額依立法委員會隨時以決議案議定之比率為準。但在立法會未經決議指定前，應照所收數目徵稅百分之二十五。（一九四七年第七號）

（三）會社司理，司庫，會計及管理人員，如該會為立案法團則併該會本身，均應共同及各別對應徵稅額負其責任。

第七條。總督在政務會得制立規則，以實施徵稅暨大致為有效推行本例規定各事宜。

第八條。無論何人暨會社司理，司庫，會計或管理人員違反或不遵照本例或施行規則或規定條件辦理而未明定此項刑罰者，應受簡易訴訟程序審判科一千元罰金之處分。

依照這一條條例的第七條規定，於是產生了另一條《競博稅規則》，該規則全文如下：

競博稅規則 Betting Duty Regulations.

依第一〇八章競博稅條例（一九三一年四〇號）第七條規定制立競博稅規則，一九三二年一月一日公佈施行，一九五一年甲第七五號公佈修正在案。

第一條。凡顯示繳納競博稅所用印花，應適用印花稅管理條例之規定（包括刑罰規定在內）辦理。

第二條。凡在本港舉辦搖彩或電算機彩票或同等互利彩票，或在本港代理派發港外地方所舉辦之搖彩中獎彩款之會所司理人，須造具報告，開列下列事項呈報印花稅徵收員──（甲）每次賽馬售出競博電算彩票或互利彩票之數量及收入之金額。（乙）售出搖彩票之數量及其價值。（丙）每次賽馬不售彩票而分派彩額之搖彩票數量及其價值。

第三條。作為上述代理人之會所而獲准發行競博彩

票號碼單以代替彩票者，須於上述彩票號碼單自本港派發前，造具上述報告，呈送印花稅徵收員。

第四條。凡由舉辦賽馬之會所而兼舉辦搖彩票暨作電算或互利彩票之競博者，須於賽馬日以後十五日內造具及送發上述報告。

第五條。如屬於其他事件，則於賽馬日以後三日內並在派彩前造具及送發上述報告。

第六條。印花稅徵收員或該員以書面普通或特別授權之人得在一切適當時間內著令會所司理人在其指定之地點繳驗有關電算，互利或搖彩彩票之簿冊，賬目，單據，號碼單，存根或其他文件。

第七條。依條例規定應繳稅費，應視為負欠政府債務，並得由主計官簽發證書，按照高等法院（簡易民事管轄權）條例規定追繳政府租稅，捐稅，費用或罰款等之同樣手續追收之。

第八條。除會所與印花稅徵收員對於納稅另以其他方法為之而訂有合約以資辦理者外，此項稅費，須在各該彩票或號碼單發出之前以印花繳納之，由徵收員在每一彩票或其存根及依條例第四條規定之每一號碼單之上附貼或印壓印花。

第九條。印花稅徵收員得明定表格備作依本規則規定所應用。

第十條。無論何人及任何會所之司理，司庫，管理職員或該會會員，委員會或管理員有違反規則第二至六

條及第八條之規定而未有明定其他刑罰者，應受一千元
罰金之處分。

　　第十一條。本規則定名為競博稅規則。

　　這兩條條例雖在 1931 年制訂，但經過多次修正，這裏引錄的
是 1951 年修正後的條文，至於 1951 年以後所修正的條文，則不
便引錄。本章只是討論賽馬和賭馬的歷史，並非討論法律條文的
演變史，故此只好從略了。

　　這兩條條例是 1931 年為了奠定賭馬的基礎而制定的法律，其
中主要部分是賽馬搖彩馬票，即是大馬票，以說明賭馬與稅收的
關係。因此賭馬越盛行，稅收越多。

　　大馬票由於頭獎所得的獎金極巨，引起公眾興趣，賭馬與賽
馬因而獲得進一步的發展，所以上文說過大馬票是賭馬事業的功
臣，並非誇大。在未發行大馬票時，賭馬在招商承辦與馬會自辦
的多次辦理仍然失敗，到了 1931 年自辦之後才告成功，原因就在
於那時能發行大馬票。

　　在大馬票盛行的年代裏，其他的賽馬博彩方法仍未盛行，換
句話說：到馬場去賭馬的人仍然很少。

　　但是，今天已經沒有大馬票發行，後來較流行於賽馬日所舉
行的跑馬博彩方式。例如獨贏、位置、連贏、場內孖寶、場外孖寶、
場外孖 Q、場內孖 Q、三寶、四重彩等。換句話說，馬會和政府
把賭馬的方法，從大馬票過渡到每一場賽馬上去。

　　上文說過，賭馬起初不受公眾歡迎，甚至在大馬票最受歡迎
的年代裏，每場跑馬的各種賭博仍是不受歡迎。到底是甚麼力量，

使公眾從支持大馬票，轉而支持每場跑馬的博彩呢？這就得研究
跑馬的變遷史了。

占間拿俱樂部提倡特別賽馬

上文也說過，香港的賽馬初期每年只跑一次週年大賽，一直
維持到 1924 年。著名的火燒馬棚慘案發生於 1918 年 2 月 26 日，
即農曆戊午年正月十六日，當日正是一年一度跑馬，因為跑馬的
日期必定在農曆新年期內，市民都歡喜去趁熱鬧，去看看「番鬼
佬跑馬」，加上當時馬場的看台用竹木和葵葉蓋搭，形同各廟宇
演神功戲的戲棚一樣，市民就以看神功戲的心情去看跑馬。是以
每逢週年大賽馬都吸引了不少市民去圍觀，也引來不少小販在那
裏擺賣各種食物，如雲吞麵檔、粥檔、魚蛋粉檔之類。恰巧那天
公眾看台的人特別擠迫，棚架不堪負荷而倒塌下來，壓住了棚外
的熟食檔，熟食檔的火爐傾側，釀成大火，當場燒死了 614 人，
事後於 1922 年才在掃桿埔球場附近的咖啡園設立「戊午年馬棚遇
難中西士女公墓」。這個公墓，現仍保存。

有人曾反證，假如賭馬在 1931 年以前不受公眾支持，為甚麼
火燒馬棚時會燒死這麼多人，而且大部分是中國人呢？回答這個問
題，最有力的答覆是看看當年馬場場外欄邊的圖畫，這些歷史性
的圖畫，足以說明當時去看跑馬的人大多是趁熱鬧的，並非賭馬，
而且場外近馬棚一帶，小販林立，罹難的幾百人，其中有入場的
觀眾，亦有在場外近馬棚的觀眾和小販。

　　據《跑馬》一書所載，在 1924 年之前，有一個名叫「占間拿俱樂部」（Gymhana）的組織，曾於 1892 年 3 月舉行過一次特別賽馬，這個占間拿俱樂部由一群小馬主組織而成，他們覺得一年跑一次馬不夠味，是以常常組織特別賽馬，但並不規定多少時候跑一次，他們歡喜就定期跑一跑，是以稱為「特別賽馬」。

　　到了 1922 年，馬會的看台改為三合土建築之後，同時馬匹數量增多，故於 1923 年才開始在週年大賽之外的其他日子裏，編排多次的特別賽馬。「特別賽馬」這名稱，是占間拿俱樂部所用的，這時被馬會正式沿用了。

　　這裏附刊了一段 1923 年的《香港賽馬會告白》，原載於《循環日報》。該告白云：

　　　　啟者，占間拿本年第二屆賽馬，定五月五號星期六日，如天時晴朗，則由下午三點十五分鐘，在黃泥涌舉

1918 年的「打吡」大賽。是日，快活谷的竹棚看台發生大火，從此竹棚看台便被棄用。

行。公眾馬棚入場券每位收銀一元，士兵水手穿公服收半價。凡屬本會會員，每人可介紹會外人兩名入會員馬棚。會外人入場券每位五元，可向連士德洋行購領。限至五月四號星期五日止。並敬請香港各女士臨場遣興。

一九二三年四月廿八號

啟事中的「占間拿」，就是占間拿俱樂部，這「占間拿」三字，就成了「特別賽馬」的代名詞，到 1924 年之後，已不見「占間拿」三字，所有香港賽馬會的告白，都用「特別賽馬」四字，以別於傳統的週年大賽馬了。

何甘棠、容顯龍獲准入馬會

儘管每年跑馬多次，但賭馬一直不安公眾支持，原因是當時馬會歧視華人，在 1927 年之前，馬會會員清一色是洋人，沒有一位華人會員，到了 1920 年，當時香港若干華商和買辦，認為馬會歧視華人，乃發起組織一個華人賽馬會。初時準備在香港仔買地建馬場，但因 1925 年發生著名的省港大罷工，香港仔華人馬場沒有建成，而 1927 年罷

1923 年刊於香港《循環日報》上的賽馬告白，說明「占間拿」即特別賽馬，及看到當年公眾棚入場券收費每位 1 元。

工結束，時任港督金文泰採用懷柔政策，由他示意馬會廣開大門，歡迎華人參加。但當時的馬會仍只象徵性地准許兩個華人加入成為會員。這兩個華人會員，是何甘棠和容顯龍，他們都是香港著名買辦。

馬會大減價反為不美

到了 1931 年之後，馬會漸漸了解到華人的參與跑馬活動，有助於該會的發展，因此逐漸增加華人會員。但是，由於它的歷史太久，各種積習未能大刀闊斧地加以改善，賭馬依然是只有大馬票一項可以帶來財富，其餘各場賽跑的賭博，仍是不十分普遍。1934 年，馬會曾經研究過怎樣吸引公眾投入各場跑馬的博彩中去。有人主張將投注起碼金額由 5 元改為 2 元，但終告失敗。老吉先生在他的《馬場三十年》一書中，曾記其事云：

> 那是一九三四年我到香港不滿兩年的時候，因為當時世界不景氣，馬會為恐防生意不好以廣招徠起見，由董事會議決，在一九三四年第八次特別賽馬起，當時除了週年大賽之外，其餘都名為特別賽馬，由每張五元減價為每張二元，希望可以因價格低廉而能增多一些投注收入。哪知道此舉適得其反，售票非但不增，反而銳減。在是年十月六日全日的贏位票投注總數，八場賽馬只得九萬元，而十月十日的八場投注也只得九萬六千元；當

時十月十日是公眾假期，慶祝中國國慶，而且還有「雙十碟」錦標賽舉行的，比第七次特別賽馬的投注總額十二萬五千元，反而減少了幾乎近三萬元，與馬會董事會議決定的希望「想加反減」。

到第九次特別賽馬，更發生一件馬會蝕本的事件，原來那一天有一匹大大熱門「哈德門」贏了頭馬，獨贏與位置票皆要派彩二元一角，這是馬會的定例，贏得者至少要有一角紅利，於是乎馬會對這一場派彩，連抽佣派出都不夠，做了一次大大的蝕本生意。

馬會董事一看減價辦法不對，立刻再召集會議，議決從第十次特別賽馬起，贏位票每張仍售五元，也即是說恢復原價。

哈哈！恢復五元的辦法果然駛得，這一場八場賽馬的投注總數，竟然打破了十萬元大關，比第七次特別賽馬時只少了二萬元，而比減價時卻多了一萬元，因而馬會董事們，從此再也不敢提起「減價」兩字了。

從這一段記載，可以想見當時賭馬不如今日的流行。雖然全日的投注總額，在 1934 年是 10 萬元，以當時物價來看並非少數，但不要忘記，當時每票仍是由 5 元起碼，即 10 萬元不過是 2 萬票而已。現在每一場馬的賭注經常超過 100 萬元，即超過 20 萬票一場，通常每天各場的投注總數都超過 1000 萬，都已超過 200 萬票。比起 1934 年，是高出 200 倍。

當時賭馬不能普及的主要原因，是馬場內統一都用英文，賽

馬程序表上的馬名、投注的售票窗亦然,如果不懂英文便走進馬
場去,就會索然無味。當時香港識英文的人不多,這種純西化的
場合,決不是普通市民能夠參加的。

這種情形,一直維持到 1941 年底。

日佔時期各報始創馬經版

1941 年 12 月 8 日,日本發動太平洋戰爭,香港被攻擊,是年
12 月 25 日,日軍佔領了香港。賭馬在香港,開始了一次重大的改
變。日軍為了點綴昇平,急於恢復賽馬,先由日軍總督部的獸醫
官佐佐木出頭,將「香港賽馬會」改名為「香港競馬會」,跑馬
地改為競馬場,黃泥涌區易名為「青葉峽」。

佐佐木為了表示日軍也尊重中國人,請了當時逃不出香港的
馬會首位華人會員何甘棠先生為競馬會主席。由他出面,召集所
有留港的華人會員和馬主參加香港競馬會,籌辦第一次賽馬。當
時的英籍人士大部分已成俘虜,英籍馬主已沒有資格參加競馬會,
但是還有第三國人,如葡萄牙人、印度人、德國人和法國人,他
們都可以參加競馬會,仍可飼養他們的馬匹,甚至出賽。至於英
人馬主名下的馬匹,則拍賣給其他國籍會員。

日佔時期的賽馬,馬匹名字一併取消英文名稱,全用中文,
賽跑制度一律用公制。從前英制的路程,如一哩、六化郎、
一哩一七一碼等制度全部取消,採用公尺制。這一改變,使生活
在兵荒馬亂中的香港市民,對馬場有親切感。

　　原來，當時跑馬的騎師大多是華人，例如曾於戰後紅極一時的騎師郭子猷和韋耀章。同時，日軍又利用手上的新聞報紙，刊登競賽消息，因為所用的全是中文馬名與騎師名字，報道較方便，雖然當時的小市民不歡喜賭馬，也能從報上知道很多賽馬消息。

　　嚴格說來，中文報紙上有「馬經」，也是在日佔時期開始。當時日人辦的中文報紙《香港日報》每逢賽馬前即出版馬經半張，其他各報都有「競馬預測」的小文，為「馬經」的萌芽期。

　　日佔時期第一次跑馬，是在 1942 年 4 月 25 日星期六及 4 月 26 日星期日舉行。這是香港史上首次星期日跑馬。因為英國人視星期日為「主日」，堅持這天不賭馬，所以自 1843 年有賽馬以來，星期日都不跑馬，至今亦堅持這一原則。

　　當時香港競馬會的入場券，公眾席仍收軍票 1 元。但會員門券則不收費，由會員向馬會索取。由於軍票與港幣的比值是一成二，故此場內的博彩投注每票為軍票 2 元 5 角，即仍是港幣 5 元。第一次賽馬時，港幣與軍票同時流通。

　　至於跑馬的馬匹編班制度，仍與戰前英國人主持的制度相同。戰前將馬匹分為 A、B、C、D 四級，日佔時期則改為甲、乙、丙、丁四級。原來，當 1941 年夏，從澳洲運來的一批新馬剛訓練成熟，加上原有的舊馬共四百餘匹。馬匹的數目足夠應付各場賽事，故第一次賽馬的兩天，每天仍編 9 場，當時香港競馬會的馬房除了澳洲馬外，還有中國馬。各場賽馬秩序，是中國馬和中國馬跑，澳洲馬和澳洲馬跑。不過，澳洲馬的頭馬獎金，比中國馬為高。

採用中文漸受市民歡迎

　　3 年零 8 個月的日佔時期的馬場，是沒有英文的馬場。到了日本投降，香港賽馬會恢復管理馬場之後，開始採用中文，戰後恢復賽馬，馬名、騎師名、採用中英文並列制度，並且增加中國騎師名額，顯然受到競馬會的影響所致。

　　1947 年 1 月 1 日，戰後恢復賽馬的馬場並無甚麼新的建設，一切是繼承日佔時期與戰前的基礎而進行，並不像之後有電腦設備、電算機、胡特閘，及有巍峨的大廈看台。

　　馬會的電算機，本來是 1940 年向英國訂購的，因歐戰、太平洋戰爭接連爆發，這座電算機便無法運來。到了 1950 年，第一部電算機總算運到香港，只因機身古老，安裝時地底線路不易安排，裝好之後發覺錯誤百出，需要重新安裝，延至 1951 年 2 月 24 日週年大賽馬的第一天，才正式啟用。

　　雖然這部是古老的電算機，但在當時香港人看來，已是相當先進，比起到櫃台去看每匹馬的票數號碼來觀測賠率，確實是方便得多。這部古式電算機差不多用了 20 年，直到 1970 年馬會才換上新式的電腦化電算機。

1858 年的一日賽馬日，看台上擠滿了各國國籍的馬迷。

賭馬盛行與稅收的關係

　　上文説到，1918 年火燒馬棚前，馬場的看台是用竹木葵葉蓋成，事後改建新看台，1931 年擴大新看台成為三合土的有蓋建築物，1951 年第一部電算機啟用時，也加建新看台及新的行政大樓。1957 年加建七層高的大廈式看台。此後，馬會遂年都有新的建設，證明了賭馬逐年在流行，使得馬會的財源從公眾的口袋裏，滾滾地流進它的電算機去。

　　是甚麼力量，讓賭馬搖身一變，幾乎成為大部分居民生活的一部分呢？香港大學社會科學學會認為，這是政府大力提倡所致。該會在 1977 年社會科學節的特刊《「賭博在香港」展覽資料特刊》中，視賭馬為香港賭博中的主要部分，就此將香港賭博史劃分為三個時期，即 1. 賽馬與其他賭博（麻雀、天九、撲克）共存期（1931 年以前），2. 賽馬與其他賭博抗爭期（1931 年至 1957 年），3. 賽馬壟斷其他賭博期。同時，又指出港府為了稅收，推動賭馬深入到每一階層去。該書第 32 頁，有如下的一段敘述：

　　　　香港是一個自由競爭的經濟體系，發展香港經濟又是極為依賴外來投資。為著吸引外資，政府常常説是保持較低的直接稅。財政司近年亦提出要提高間接稅的比例。從統計數字，我們可看到博彩稅在間接稅的比率漸漸提高。在七二至七四年間，博彩稅是在間接稅中佔第五位，到了七四至七六年，升為第四位。這可見博彩稅在稅收方面的地位。從博彩稅在間接稅中的比率的上升，

可見政府是利用著博彩稅來提高間接稅的收入，幫助達到財政司在今年預算中提出四十五比五十五的直接和間接稅的比例。

總括來說，賽馬在這數十年間，從上流社會帶到社會各階層，政府確實起著帶動的作用。加上香港經濟的本質，賭馬被利用為收稅的方法。在增加稅收的前提上，我們預料政府將繼續推廣賭馬式的其他制度化的賭博，以提高間接稅的收入。但我們要問，香港是否一定要維持這個放任的經濟制度？我們是否一定不能提高直接稅以增加稅收？我們是否一定需要四十五比五十五的直接和間接稅的比例？退一步來說，姑且容許香港維持這個稅制，那又是否一定要推廣賭馬來增加間接稅收呢？面對著沙田馬場的快將落成，我們懷疑能否在這裏勸使政府改變政策。政府若是真的有意在為市民謀福利的前提下發展香港經濟，則應利用其他方法增加稅收，不要再推廣賭博。

博彩稅在間接稅中的比率

年份	博彩稅在間接稅中的比率（％）
1970-1971	3.69
1971-1972	1.21
1972-1973	2.87
1973-1974	3.99

1974-1975	6.84
1975-1976	8.89

貪污集團為罪魁禍首

無可否認，賭馬的流行，是港府為了稅收而大力推行之故。但只要看深一層，看到推廣各種賭馬方式的歷史根源，便知道這是香港警方貪污所做成的惡果。

上文在字花一章裏提到，字花在戰後能流行到婦孺皆曉的程度，由於警察內部已形成一個龐大的貪污集團所致。在 1950 年代和 1960 年代期間，包庇非法賭博的貪污集團，除了包庇字花和各種新賭博之外，也包庇外圍馬的非法賭馬集團。港府將賭馬加以推廣，和麥當奴公開賭博所彈的老調一樣，都是説「納賭博於正軌」，就如他們常言，把流入非法開賭者的金錢流向政府的庫房裏。不過是麥當奴政策的冒牌貨而已。

自從馬會採用中文馬名，戰後各報刊繼承了日佔時期馬經形式的傳播賭馬。在戰後 10 年間，漸漸為公眾所認識。在 1950 年代末，收受外圍馬的非法組織已甚活躍。小市民發現賭外圍馬也能以小博大，於是買孖寶、過三關等賭馬的形式，在非法外圍馬中十分流行。1963 年澳門跑狗場開幕後，外圍馬非法集團同時收受外圍賽狗。跑狗的彩池中有連贏位，是當時香港馬場所沒有的賭博形式，投注外圍賽狗者，以賭連贏孖寶為最多，這便是所謂孖 Q。孖寶、

過三關（即三寶）、孖Q等賭博形式，在非法外圍狗馬中流行已久。

　　當局於 1973 年開始廣設外圍賽馬投注站，賭馬形式完全是非法外圍狗馬的這一套。上述的賭馬方式，都是繼承非法外圍賽馬而來，反映港府的推廣賭馬風氣，完全因貪污集團包庇賭博所致。我們應該指責的是，當局不應在肅清包賭貪污集團及非法賭博時，也把自己蛻變為同一性質的集團。

　　最後，談談「財馬等於做善事」這一概念。

　　作者在賭博於行善一章中提到，在麥當奴執政時代，香港把賭博與慈善掛鈎，這種美麗而堂皇的概念，也被賭馬所利用，但利用得很遲。從 1891 年有賭馬開始，到 34 年之後才第一次做善事，而馬會以堂而皇之的大慈善家姿態出現，更是遲了幾十年；到 1959 年，馬會才成立香港賽馬會（慈善）有限公司。

　　關於馬會是否一個慈善機關，《賭博在香港展覽資料特刊》第 35 頁至第 36 頁有極其中肯的論述，特引錄於後，以供參考：

殺了人送棺材的大慈善家

　　也有人認為馬會雖提倡賭風，對社會有不良的影響，但另一方面馬會卻每年都捐出一大筆錢作為福利用途，對香港的社會福利建設，著實作出了貢獻，對於這個問題，可以作如下的探討。

　　首先，我們必須回顧到馬會本質的認識。它原是一個殖民地初期外籍人士所組成的娛樂團體，而非一個

慈善機構（馬會初次從事慈善服務距其初建已去三十四年）。因其性質有異於一般商營機構，所以港府立法規定其利潤不得分予會員，而必須用於慈善服務，然而港府並沒有立例規定馬會須將若干利潤撥充善舉，所以馬會可自行決定將利潤的若干部分保留作基金，再除卻開支，然後才將餘下部分撥予香港賽馬會（慈善）有限公司（該公司於一九五九年成立，作為馬會的分支，自始從事有系統的慈善服務）。況且，馬會盡可以將大量的收入用於會員福利方面，例如用月薪一萬元為屬下的餐廳請一名廚師，或將大部分的金錢留作日後發展及投資之用。換句話說，只是一部分的金錢是用作慈善用途，而其他金錢的去處都是值得商榷的。所以，我們不能因為馬會有做善事就說馬會是一個慈善機構，而賭仔所持的賭馬就等於做善事這個觀點就不能成立。

以海洋公園為例，馬會一共用去一億五千萬元，這是否值得呢？本地的市民去過一兩次後就很足夠了，主要的對象其實是遊客，如果不談用這麼大的投資去吸引遊客是否值得，那麼海洋公園根本就不能當做一項慈善福利了。香港的社會福利已經不足，為甚麼不將錢用於更急切的福利方面，如教育、公共援助等，而將錢花費於外來人士方面呢？正是羊毛出在羊身上，未見羊兒穿上羊毛衣。其實，海洋公園這類建設，可以利用外資而不需將本來用於慈善的錢挪用過去，以致急需幫助的人得不到利益，這明明是娛樂事業或旅遊事業換上慈善的

幌子而已，或許馬會是有興趣轉為一個商業團體而分散投資吧！

即使我們不計較馬會用於其他方面的金錢而單看它的慈善捐助，亦不能肯定靠賭來做福利這個論點是可以成立的。福利的定義是那些出不起錢的人都能享受到同等的待遇。這樣，賭錢的人必定要大部分是有錢的才可以算是做福利，否則賭馬是做善事這說法仍然是不可以肯定。事實上就是如此，現時投注額大部分都是窮人輸的，用窮人的錢去做福利根本就違背了福利這個概念，就好像殺了人然後送棺材而已！為甚麼要製造不必要的麻煩呢？富有的人若果想做善事，何不乾脆捐錢而在報紙上刊登乙幅玉照留念，這不是更好嗎？

再者，正因為馬會有異於一般專業福利社團，所以我們亦不能冀望馬會本身對福利的推廣有著一般專業福利組織的熱忱，或長遠而具體的服務計劃了。這一點可以由它每年的社會福利經費數字有不同幅度浮動的情況可見一斑。（如：73 年四千四百萬，74 年一千一百萬，75 年回升至八千二百萬）

馬會的「大慈善家」的形象，其實是來自它的雄厚財力所作出的具體工作而出現的。雖然只是九牛一毛的貢獻，已促使很多熱心公益的團體的努力相形見絀，但大家不要忘記，這些雄厚財力是來自各方賭客的「進貢」而已！

連贏、當日孖寶、孖Q、四重彩……

最後，筆者還要談談賭馬各種形式的變遷史。關於大馬票，上文說過始自 1931 年，到了 1977 年夏，馬會宣佈取消發行。當時政府主辦的「六合彩」已代替了大馬票的地位，大馬票在 1977 年的夏季大馬票亦銷路下降，因此宣佈停止這種賭博，故 1977 年至 1978 年的馬季開始沒有秋季大馬票。

獨贏和位置，這是在馬場內主要的博彩形式，它開始於 1891 年，至今未廢。

連贏位這種博彩形式，是在 1969 年至 1970 年度賽馬才開始出現，因為當年馬會將古老的電算機拆去，裝上新電算機，以指示連贏位的賭率以及售票情形。

孖寶，一般分「場內孖寶」和「場外孖寶」兩種。「場內孖寶」一般人以為也是馬會裝上新電算機後才開始有的，其實不然。孖寶，英文稱 Daily Double，至今仍稱「當日孖寶」，是 1939 年已有的賭博，時稱「雙獨贏」，指定其中兩場馬為「雙獨贏場合」。現時的「當日孖寶」是指定第一場和第二場，但戰前的「雙獨贏」則指定在第三場和第五場進行。現時的「當日孖寶」每票以 10 元為單位，但戰前的「雙獨贏」仍是 5 元一票。由於這種賭博派彩很高，迎合一般以小博大的賭徒心理。下注的人眾多，因此後來又增加一場，變成了每日有兩場「雙獨贏」，第三場和第五場稱「第一口雙獨贏」，第五場搭第七場為「第二口雙獨贏」。現時馬場除了有第一口當日孖寶之外，還有第二口及第三口。這都是沿用舊制，只因日佔時期沒有把雙獨贏的博彩方法繼承下來，戰後初

期馬會亦沒有復辦，年輕的賭馬者不知道它的歷史而當成新彩池罷了。

至於「場外孖寶」，這是場外投注站開設之後才有的。1973年外圍馬合法化之後，馬會在港九新界各地區開設很多外圍投注站，亦開辦了很多前所未有的場外投注方式，並且開始選定若干個星期三晚上跑夜馬了。

從 1973 年開始，場外賭馬的方式大略有如下幾種，依它的先後次序是：1. 四重彩，2. 場外孖寶，3. 場外連贏，4. 場外孖Q，5. 六環彩，6. 場外三寶，7. 場外各場的連贏位、獨贏、位置；此外，還有場外電話投注。

其中「四重彩」是由「三重彩」改革出來的賭注。1972 年，馬會雖然還沒有場外投注站之設，但當時大馬票和政府獎券仍在發行，馬會在港九各區都有出售馬票和政府獎券的辦事處，這些辦事處可以說是最早的場外投注站，因為 1972 年初辦「三重彩」時，就在這裏投注。

「三重彩」由馬會指定其中一場賽馬舉行，投注人必須選中該場賽事中頭三匹馬，要依照所選用的三匹馬的次序方算中獎。當時「三重彩」並不怎樣流行，到了 1973 年場外賭馬合法化之後，廣設了很多場外投注站，才將「三重彩」改為「四重彩」。所謂「四重彩」，就是在指定的一場賽事中，買中這場賽馬的冠、亞、季、殿四隻馬，依照次序，才算中獎。

1978 年 10 月，香港第二個大馬場——沙田馬場投入賭馬事業，賭馬在政府的鼓勵之下，又將更「繁榮」起來了。

第十章 官辦賭博發展史

打著賭博即行善的旗號，1962 年開辦政府獎券，但反應不如理想，其中經多次改良，仍未能「深入民心」。1975 年 9 月，改政府獎券辦多重彩，又告失敗。到了 1976 年 7 月，再辦六合彩。這種被稱為「摩登字花」的官辦賭博，正方興未艾。

澳門號稱東方蒙地卡羅，是個著名的賭城，但它並沒有官辦賭博，反觀號稱禁賭之城的香港卻有。

從歷史的角度看：香港官方一向認為，只要賭博和慈善掛上一個小小的鈎兒，這種賭博將會有利於公眾；因此，為了社會福利而開賭，真是名正言順。官方開賭，也正是在這種似是而非的論調中成為事實。

1958 年，在一次立法局會議中，有議員放出試探的汽球，大意說：香港人口不斷增加，各種社會福利做得不夠，很多志願團體經費不足，實在需要設立基金，供社會福利之用。然而這項基金籌集不易，最好是開辦一種獎券，如同開搖彩馬票的形式來籌集基金。

有幾位議員先後發表高見。有人指出，馬會的小搖彩馬票和大馬票深受社會歡迎，根據條例，為政府提供大量的稅收，如能利用馬會的現成設備來開辦獎券，而將所抽取的款項撥作社會福利用途，將會事半而功倍。

政府獎券始自 1962 年

　　這樣的不斷放出開賭的空氣，直到 1961 年，才正式向立法局提出，翌年成為正式的法律。根據法例，這種為社會福利而開賭的形式，定名為「政府獎券」。

　　「政府獎券」由四位公務員負責管理，由發行獎券到開獎前一日止，將總收入抽出百分之四十，撥作「政府獎券基金」，供作社會福利用途。其餘百分之六十，則作為獎券的獎金，又分配成三個部分：第一部分為「頭獎」，佔百分之二十，每次只有一名頭獎。第二部分為「二獎」，佔百分之二十，共開 10 名，即每名佔百分之二。第三部分是「三獎」，佔百分之二十，共 100 名，即每名分得獎金百分之零點二。

　　假定總售出的獎券為 100 萬元，它的分配將有如下表一樣：

總投注 100 萬元	
獎券基金（抽水）	40 萬元
頭獎（一名）得銀	20 萬元
二獎（十名）每名得銀	2 萬元，共 20 萬元
三獎（一百名）每名得銀	2000 元，共 20 萬元

　　這是「政府獎券」初期的派彩及「抽水」的方法。第一次獎券在 1962 年 5 月開始發行，當時政府通過廣播電台、報紙、張貼海報，全面宣傳買政府獎券，既可做善事，又有機會發達，是為

己為人而又最有意義的事。初次開辦時，第一次開獎後，隔七星期再開第二次。

「政府獎券」之設，具有減輕馬會負擔的性質。每年馬兒歇暑的時候，馬會的工作人員大部分無工可做，但那些辦事處仍須付出租金，員工亦需支取薪金。「政府獎券」在此時開辦，使用馬會的現成設備，亦即代馬會支付暑期內若干開支。所以第一年的政府獎券，由是年 5 月至 9 月這段馬兒歇暑期內，共開兩次。

吸引力低而不受歡迎

政府獎券初期承接大馬票的氣勢而開辦，是以發行的方式也和大馬票一樣，需要一段較長的日子消化。大馬票一向是每年三次，即春季、秋季、夏季，但政府獎券不能相隔太久，要利用馬會暑期的空間來舉辦，正是時日無多。第一年開辦兩期，到第二年（1963 年）共開辦三期，每次相隔五星期，以時間相隔而言，等於馬會的尾場小搖彩。

原來馬會每年除了發行三次大馬票之外，每隔一個月左右，另外發行一種彩票，名為「尾場小搖彩」。這種小搖彩馬票也是在場外發行的，由於發行數目較多，頭獎獎金也相當可觀。

「政府獎券」每張 2 元，一切與馬票相同，但是開辦幾年亦未見成功。負責獎券的工作小組探討過去幾年的情況，認為獎金不足以吸引市民，因為頭獎獎金只得總投注額百分之二十，吸引力較低。因此，1968 年開始將獎金重新分配，希望以巨額的獎金，

吸引市民的興趣。但是，並非意味獎券的抽水數量減少，以多換一些獎金出來分給得獎者。獎券基金仍是抽水百分之四十，獎金仍是佔百分之六十，只是頭獎、二獎、三獎的比例有若干變動而已。

1968 年有新的獎金分配，頭獎仍是 1 名，佔總投注額百分之三十，以前是佔百分之二十，這次提高百分之十，即假定這一期總投注額 100 萬元，頭獎的獎金是 30 萬元。二獎 5 名，每名獎金佔總投注額百分之二，即共佔百分之十。以前二獎共 10 名，經此一改，改為 5 名，即將二獎的百分之十，撥給頭獎。三獎並無改變，維持 100 名，每名佔百分之零點二，即共佔百分之二十，與從前一樣。

加開次數改良派彩辦法

經這樣改動，果能引起市民的興趣，這是迎合賭徒以小博大，一生中獎一次便可永遠享福的觀念。從此，政府獎券開得較密。1968 年在馬季歇暑期內，共開五次；1969 年，共開六次；1970 年和 1971 年，每年共開七次。

不必諱言，政府獎券委員的工作，是研究怎樣使這種賭博發揚光大，所以他們不斷改變派彩方法，並設法吸引人們去下注。在這期間，曾發動電台的男女藝員推銷獎券，並且修改派彩辦法，以期吸引市民。

1969 年，派彩的形式再經修改，修改的幅度相當大，計開：

頭獎 1 名：獎金佔獎券總收入百分之三十。

1970 年第 36 期政府獎券原件的正面影印本。請注意右上角的圖案，此為「政府獎券」的標誌。

二獎 5 名：每獎佔獎券總收入百分之二。

三獎 50 名：每獎佔獎券總收入百分之零點三。

特別獎：每得 100 元，共佔獎券總收入百分之五。

原本在 1968 年，三獎名額有 100 名，共佔總收入百分之二十，即每名分得總收入的百分之零點二。這次一改，三獎名額減為 50 名，每名佔百分之零點三，即共佔總收入百分之十五。將從三獎剩下百分之五的獎金，撥給特別獎。

至於特別獎的開獎辦法，是在每次攪珠時，攪出頭二三獎的號碼之外，另外攪出三個位數字的特別號碼。如後三個號碼與特別號碼相符，即中特別獎，每得獎金 100 元。

這樣改法，仍是以為中獎人數多，可以吸引較多人投注。因為，三個位數字的特別號碼，每售出 1000 張，便有 1 名中獎，售出 1 萬張，便有 10 名中獎，售出 10 萬張，即有 100 名中獎，售出 100 萬張，就有 1000 名中獎。連同頭獎 1 名，二獎 5 名，三獎 50 名，假定售出 100 萬張，中獎名額便有 1056 名了。

到了 1972 年，政府獎券加快步伐，由三星期一次，改為每兩星期開獎一次。這一年的政府獎券特別暢銷，政府對這種官辦的賭博充滿信心，考慮全年發行，不受馬季影響。

同時，管理獎券小組也認為，巨額的頭獎獎金足以刺激小市民的僥倖心理。於是又再考慮將獎金分配辦法來一次大變動，符合以小博大的原則，迎合小市民一生中獎一次即可享福的心態。到了 1973 年，獎金又有變動。

這一次的獎金分配變動頗大，為官辦賭博史上的突破。這樣的分配方法，成為日後官辦賭博「六合彩」分配獎金辦法的藍本。當年的獎金分配調整如下：

1970 年第 36 期政府獎券的背面之影。請注意獎金分配辦法，其中特別獎的辦法是由特別號碼來決定。

頭獎 1 名，獎金為總投注額百分之四十，即比 1968 年的辦法再加百分之十，假定總投注額為 100 萬之時，頭獎獎金可得 40 萬元。二獎 1 名，得獎金佔百分之十，以前二獎是 5 名，每名佔百分之二，現在改為 1 名獨得。三獎改為 5 名，每名佔百分之二，即共佔百分之十，合共獎金仍是總投注額百分之六十。獎券基金所抽的水是百分之四十，維持不變。

1973 年是官辦賭博吹起衝鋒號，大舉進軍的一年。賭馬的場

外投注合法化，馬會正在港九新界各區大興土木，建立很多外圍投注站。但在暑假期間，這些場外投注站還未落成，政府已急不及待，發動所有銀行，代售政府獎券，又在油麻地小輪公司各渡海碼頭內，設一個攤位來推銷獎券。

1974 年開始，馬會的場外投注站已開設近 100 家了，這些投注站在馬季時期，擠滿了賭馬的賭徒。但馬季歇暑後，賭徒的長龍消失，只有零星幾個小市民買。場外投注站的租金，投注站內要維持最少數的職員工作，這些開支加重了政府獎券的負擔。為了分擔這些龐大的開支，政府獎券只好用密集的攻勢來應付，導致該年政府獎券開獎多達 10 次。

我們無法獲知當時官辦賭博和馬會如何分擔開支。用經濟學的觀點便看得出，官辦賭博成本不斷增加，舊有生產力不足以維持「合理的利潤」，要解決這一矛盾，就必須改變生產方法。舉個例子：在工業上，如果遇到成本增高至無利可圖時，只有更換舊式的機器，以提高生產力，並開拓更廣闊的市場。面對這種形勢，官辦賭博也必須解決成本、生產力、市場等三大問題。

賭博是工業也要現代化

記得在一個午餐會上，一位澳門娛樂公司的負責人在一篇演講詞中，強調 1970 年代的賭業與工業劃上等號。「賭博是工業」，這位有賭王之稱的名流，說得非常恰當。他指出現在賭博再也不能行家庭小手工業的舊路去經營。

政府獎券如同大馬票、搖彩馬票一樣，都是 1930 年代的過時產物。它要付出一筆印刷費、宣傳費和推銷方面的開支，而它的銷路卻極為有限。最大的弱點是，要將產品消化到一個標準的數量，必須經過 10 天的時間。真有點像停留於家庭手工業時代一樣。

為此，為了適應這種形勢，政府獎券也開始改變了古老的生產方法和經營方法。1974 年，成立了一個專業性的機構，名為「政府獎券管理委員會」，由官守議員和非官守議員及一位秘書組成。全員 4 人開始計劃改變政府獎券落後的形式。

當年，獎券基金公佈它的基金數字為 570 萬元，又公佈自開辦政府獎券以來，13 年內撥款給各社會福利團體的經費合共 6000 萬元，有百餘個社團受惠。

但正在構思新的形式時，政府獎券仍然發行，不過，又再次改變獎金的結構。這是 13 年內第三次改革。改革的原則，仍然是從廣拓市場上著眼。

以小博大是迎合小市民賭博心理的概念，因此歷次改變獎金派彩結構時，多以此為原則。但另外有人提出另一種賭博心理，那就是擴大中獎範圍，使人們覺得很容易中獎。這兩種心理本為矛盾，既然要容易中獎，獎金自然不會太高，否則獎金太高，中獎自非容易。為了調和兩者，當年獎券管理委員會把中獎者增額至 159 名。

以往，1962 年中獎名額是 111 名，即頭獎 1 名，二獎 10 名，三獎 100 名；1968 年，中獎名額是 106 名，即頭獎 1 名，二獎 5 名，三獎 100 名；1973 年，中獎名額只得 7 名，即頭獎 1 名，二獎 1 名，三獎 5 名。1974 年中獎名額又增至 159 名。可見中獎名額的發展史，

是由多名額至少名額，又由少名額擴充至多名額。

至於 1974 年的 159 名中獎名額的分配形式，可表列於下說明之：

名稱	名額	獎金百分比 （每名計）
頭獎	1 名	40%
二獎	1 名	4%
三獎	1 名	0.4%
特別獎	50 名	0.1%
安慰獎	106 名	0.1%
合計	159 名	60%

這樣分配獎金，頭獎佔百分四十，既可滿足以小博大的賭博心理，而新增的特別獎和安慰獎，又能滿足另一種賭博心理，這是將兩種賭博心理調協之法。以後，很多賭博形式，都是根據這種方法所設計的。

到了 1975 年 8 月 16 日，同年第六期政府獎券又將中獎名額從 159 名，擴大為 265 名，而頭獎、二獎、三獎仍維持各 1 名，獎金百分比仍維持原狀。特別獎依舊維持 50 名，獎金百分比依舊；擴大的是安慰獎，由原來的 106 名，擴大到 212 名。

1975 年第五期以前，各期政府獎券的安慰獎是 106 名，每名的獎金百分比是百分之零點一，與特別獎的相同。但 1975 年第六

期開始，安慰獎的名額增加一倍，即由 106 名變為 212 名。至於
獎金額則是每名減少一半，以符合派彩比例。

從前安慰獎的中獎辦法，是頭獎、二獎、三獎、特別獎的
攪珠號碼前後各一張的彩票作為中安慰獎，因頭獎、二獎、三獎
各 1 名，這三個中獎號碼的前後各一張的獎券，共有 6 張。特別
獎攪出的號碼 50 個，每個號碼前後各一張的獎券也是安慰獎，這
樣 50 個號碼便有 100 名安慰獎，合起來便成 106 名安慰獎。新的
辦法是，將頭獎、二獎、三獎及特別獎的號碼，前後各兩張獎券
都算中安慰獎，因此名額便增加一倍，變成 212 名了。

茲將 1975 年 8 月 16 日第六期政府獎券的售票及派發獎金數
目作為實例，説明如下：

該期政府獎券售出	61 萬 8000 張
共得款	123 萬 6000 元
頭獎一名獎金	49 萬 4400 元
二獎一名獎金	4 萬 9440 元
三獎一名獎金	4944 元
特別獎（50）每名獎金	1236 元
安慰獎（212）每名獎金	618 元

上述的各項數字，是該期政府獎券委員會公佈的實際數字，
從這些數字可以看到，頭獎獎金 49 萬 4400 元，是全部售票得款
123 萬 6000 元的百分之四十，符合派彩條例，二獎獎金 4 萬 9440

元，即頭獎獎金的十分之一，亦即全部得款的百分之四，三獎獎金 4944 元，是全部售票得款的百分之零點四。特別獎每名得獎金 1236 元，就是全部售票得款的 123 萬 6000 元的百分之零點一，完全符合派彩條例的原則。

多重彩代替政府獎券

至於安慰獎，每名 618 元，其實是將百分之零點一的 1236 元割半，等於特別獎的一半。原條例安慰獎的獎金是每名佔總售票得款的百分零點一的，現因增加一倍的中獎名額，是以將獎金的一半分出來，派給多一倍的中獎者。

這實例說明，無論派彩的方法如何變更，政府獎券的抽水百分之四十仍然不變，獎金的百分比仍是百分之六十。試將上述獎金的數目加起來，其總和是 74 萬 1600 元，那正是總收入 123 萬 6000 元的百分之六十。官方抽水達 49 萬 4400 元，即政府每次自己中一次頭獎。上文說過，古老的彩票不能適應新的形勢，獎券管理委員會不斷設計新的賭博形式來代替政府獎券。當時馬會場外投注方式中的四重彩，頗能吸引貪心的賭徒。因此，一種以四重彩為藍本的新賭博形式就出爐了。

這種新的賭博形式名為「多重彩」，它是用 14 個號碼為基礎的賭博，號碼是由 1 號至 14 號。投注者從這 14 個號碼中，選出 6 個號碼來投注，但必須依照次序選出 6 個號碼。所以在「多重彩投注彩票」上，有 6 個方格，方格寫著「第一個」、「第二個」、「第

三個」、「第四個」、「第五個」、「第六個」,並標明「六個號數順序填寫」字樣。

「多重彩」就是從「四重彩」中變化出來的。「四重彩」是賭馬中一項場外投注方式,在馬會指定的一場出馬 14 匹的賽馬場合中,由投注人選出 4 隻馬,要依次序跑抵終點才算中獎。而「多重彩」的 14 個號碼,就等於 14 匹馬,投注人選擇 6 個號碼時要先後次序投注,在開彩時用搖彩攪珠的方法攪出 6 個號碼,首先攪出的 1 個號碼,就等於馬場中跑出第一名的馬一樣,故此 6 個搖彩號碼的次序,也等於 6 匹馬跑抵終點的次序,能買中這 6 個號碼的依次順序排列的,便算中頭獎,難度自是較「四重彩」為高。

同時,「多重彩」的投注金額為每票 10 元,這又和「單式四重彩」一樣。總之,這種多重彩獎券脫胎於馬場的「四重彩」。

官方在開辦這種新形式的賭博時,先行改組「政府獎券管理委員會」,於 1975 年成立「香港獎券管理局」。

香港獎券管理局的成員,由 4 個馬會董事、庫務司、警務處長以及政府獎券管理委員會主席組成。這意味著官辦賭博已發展成為:第一,由馬會處理官辦賭博;第二,官辦賭博以抽稅為主;第三,對社會福利的支持比重將較低。因為,7 個成員中,4 個是馬會董事,1 個是庫務司,而原日政府獎券委員會,即宣揚購買政府獎券可行善兼發財的委員會,只有一人佔一席位而已。

1975 年 8 月 22 日星期五,仍在馬兒歇暑期,馬會的彭福少將於當日上午 10 時,在馬會餐廳舉行記者招待會,宣佈馬會已奉香港獎券管理局委任為處理「多重彩」之有關事宜,故馬會各場外投注站接受「多重彩」的投注。

　　有關「多重彩」的一切，亦在當日由彭福少將宣佈。首先，他宣佈首期「多重彩」由9月1日起開始接受投注，9月4日截止，9月5日在馬會內開獎，以後每週開一次。由週一至週四為投注日期，週五下午6時50分在馬場公開攪珠，那時由電視台、廣播電台轉播開彩情形，及由報章公佈攪珠結果。

　　又宣佈已登記的馬會電話投注戶口，可用電話投注多重彩。彭福少將強調一點：「多重彩」的投注表格會免費派發。原來當時馬會的「四重彩」和「六環彩」的表格需要收費，每張盛惠1毫。「多重彩」的表格則是免費奉送。

　　至於「多重彩」的派彩辦法和中獎辦法，亦同時宣佈，「多重彩」的派彩辦法是：設頭獎、二獎、和三獎。頭獎可得總獎金百分之三十，同中同分；二獎可分享總獎金百分之三十；三獎亦可分享總獎金百分之四十。但每票只能領一個獎，即中頭獎者只能領頭獎，不能重領各獎。畢竟中獎的辦法和政府獎券完全不同，故有這種規定。

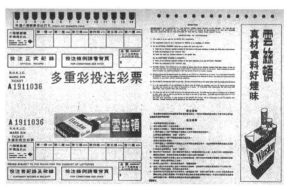

用以代替政府獎券的多重彩彩票，此彩票由於刊登香煙廣告，是以不必收票費。左為圖樣正面，右為彩票背面，香煙廣告佔三分一的位置。

上文說過，「多重彩」是用投注人在號碼 1 至 14 中，選擇 6 個號碼依次序投注，攪珠時也依次序攪出結果，如 6 個號碼與攪出的號碼次序完全相符，即為中頭獎。如依次序中頭 5 個號碼，則為中二獎。如 6 個號碼全中，但次序不同，則為三獎。

假如頭獎無人中，則頭獎的獎金撥給二獎及三獎均分之。若頭獎、二獎、三獎均無人中，則中 4 個號碼依次序者為頭獎。

同時又宣佈香港獎券管理局隨時有權調整獎金的分配。例如頭獎多人中，二獎少人中，那時二獎的獎金會多於頭獎，故遇此情形時，該局便須調整獎金分配，務使頭獎的獎金必多於二獎的兩倍，二獎亦必須多於三獎的兩倍。

當年，由 8 月 27 日起，馬會各場外投注站開始免費派發「多重彩投注彩票」，也就是投注表格。這種免費奉送的表格，暴露了官辦賭博無孔不入的本質。

原來，「多重彩投注彩票」上面，印有香煙廣告。正面上，以紅色的油墨印上「雲絲頓」香煙橫條子的廣告；背面上，印的廣告更大，而且是紅藍套色的廣告。這是官辦賭博的設計天才，因為彩票印上香煙廣告，這些彩票將是免費印製，所以它不需要收回任何印刷成本費。

表格印廣告煙賭共一家

繼「多重彩」的彩票刊登廣告之後，馬會的「四重彩」和「六環彩」也刊登香煙廣告，是以不久馬季開始，「四重彩」和「六環

彩」的彩票也是免費奉送了。可見官辦賭博的「號召力」之強哩！

「多重彩」並不是一出爐就取代了「政府獎券」。當時官辦賭博雙管齊下。當 9 月 5 日開第一次「多重彩」時，當年的第八期「政府獎券」仍在發售。直到馬季開始，「政府獎券」才停辦，以後由「多重彩」代替了「政府獎券」。

第一期「多重彩」在 9 月 5 日下午攪珠開彩，攪出的號碼是「7，5，3，2，11，8」。頭獎沒有人中，中 5 個號碼次序的二獎只得一票，得獎金 16 萬元，中三獎（6 個號碼不依次序）共 27 票，每票得獎金約 8300 元，總投注是 70 萬元。

頭獎沒有人中，二獎一票獨中，按多重彩的派彩辦法，要將頭獎的獎金撥給二獎，就是說，這首次的多重彩假定頭獎有一票中，也只得 8 萬元，現在二獎的得主共得 16 萬元，是囊括頭二獎的獎金。在一般賭徒的心理，這種獎金絕對沒有吸引力，多重彩一開始就注定失敗。

但是，獎券管理局在開獎之後發表意見，認為投注相當理想，對多重彩滿懷信心。官方舉例說馬會初辦四重彩時投注額很少，後來市民熟習了賭法，自然會增加投注。

這只是官方的一廂情願而已，事實上多重彩往後的反應一直處於平淡。官方最初設法使它得以流行，後來終告失敗。

起初，香港獎券管理局認為多重彩一星期開一次，引致不受歡迎。於是改為每星期開彩兩次，即逢星期二和星期五開彩。這樣有利之處有二：首先是各場外投注站的皮費會因每週開兩次而易於負擔；其次會因為多開一次而加強了宣傳，起碼各報刊和電台及電視台，開彩結果及攪珠情形每週多刊一次，有不斷宣傳之妙，

可惜結果仍是失敗。

終於,香港獎券管理局於 1976 年 7 月 9 日宣佈停辦多重彩了,一共辦了 52 期。我們可以從這最後一期派彩的情形分析多重彩的失敗的原因。

第五十二期多重彩中獎號碼順序為 4,12,9,1,3,7。該期頭獎和二獎無人中獎,即依照 6 個號碼的次序無人買中,依照頭 5 個號碼的次序也無人買中。只有不依次序中正這 6 個號碼的三獎有 46 票中獎。這次中三獎的獎金,每票派 1 萬 9320 元。

多重彩失敗　六合彩出籠

上文說過,第一期多重彩沒有人買中順序的 6 個號碼,中 5 個順序的號碼只有一票中獎;而最後一期的多重彩,頭獎和二獎都沒有人中,可見中獎的難度頗高。但不容易中獎並不足以引致不受大眾歡迎,難以中獎而派彩金額太低,才是癥結所在。

就賭博心理學而言,中獎機會率低於百萬分之一也不要緊,只要中獎時有超過三四十萬倍的賠率,就能迎合以極小博得極大的賭博心理。更重要的是:一生只中一次就夠享福了的心理。多重彩既然中獎難度大,而給獎的名額太少,即使中了,也不能一生享福,這是失敗的主因。

另一失敗原因是投注金額太大。每票 10 元,這個數目無法受小市民歡迎。雖然 1976 年的生活程度已經很高,10 元的購買力很有限,但一般小家庭 10 元已足夠一天的買菜錢了。

　　第三點是多重彩和賽馬中的四重彩太相似，而賭慣馬的馬迷才會下注，一般家庭主婦以及對賭馬不感興趣的人，便對多重彩談不上興趣，他們多不了解為何要依照次序才算中獎，只有賭慣馬的人明白兩者同一道理。

　　基於以上三種原因，官辦賭博才從中發明了「六合彩」。

　　1976年7月2日上午10時，香港獎券管理局的執行總監夏敦、秘書（馬會副經理）陸璟、策劃經理希信和聯絡主任梁華倫，在跑馬地的馬會新廈七樓招待記者，宣佈舉辦「六合彩」辦法，以及宣佈於1976年7月9日停辦多重彩，代之而興者就是「六合彩」。

　　「六合彩」仍沿用「多重彩」的英文名稱，名叫 Mark Six。但投注方法投注金額和中獎辦法，與多重彩絕不相同。

　　「六合彩」每票選6個字為2票，在號碼1至36中，選6字投注，投注金額是每注2元。

　　開獎方式是從號碼1至36中，用攪珠方法攪出6個號碼及1個「特別號碼」。如選中6個號碼即作中頭獎，毋須像多重彩那樣依次序。

　　如選中攪出的6個號碼中任何5個及1個「特別號碼」，即中二獎。由於每票選6個字，中二獎的一票，即等於所選6個字全中，它和頭獎不同之處，在於中頭獎的是選中最先攪出

六合彩海報

的 6 個號碼，不包括「特別號碼」在內，二獎是其中 5 個號碼與攪出的 6 個號碼中的 5 個相同，另外一個號碼必須選中「特別號碼」，所以亦即 6 字全中才算二獎。如其中有 5 個和攪珠的 6 個號碼相同，即中三獎。如選中 4 個號碼及「特別號碼」，即中「特別獎」。如選中其中 4 個號碼，則中「安慰獎」。

　　至於獎金分配辦法，有如下的規定：

1976 年 7 月香港獎券管理局所印發的六合彩小冊子內的第一頁。當時六合彩開彩時間是逢星期二及星期五下午 6 時 30 分，其後於 11 月 30 日，改為下午 2 時攪珠開獎。

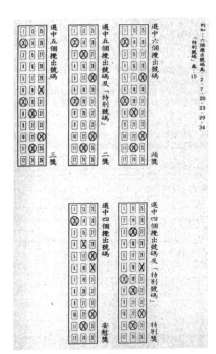

六合彩小冊子內有關中獎說明

「安慰獎」每票派彩 50 元正。

「特別獎」每票派彩 100 元正。

每次開彩之前,將總投注額抽去百分之四十,其餘百分之六十,除去「安慰獎」及「特別獎」的總和,餘下即作如下的分配:

頭獎:佔百分之三十。

二獎:佔百分之三十。

三獎:佔百分之四十。

如果沒有人中頭獎,頭獎獎金將會保留,撥入下一期的頭獎獎金,稱為「多寶彩池」,如下一期頭獎仍無人中獎,該期的頭獎獎金,連同上一期「多寶彩池」的獎金,全部撥作再下一期「多寶彩池」內,換句話說:如果多期頭獎無人中,頭獎的獎金便越多,像滾雪球越滾越大,可能積至多達數百萬元。

這就是「六合彩」的投注方式及派彩辦法。這次改變官辦賭博形式,完全汲取上次「多重彩」失敗的教訓,作一次突破式的改革。

投注金額每票 2 元,是「多重彩」投注金額的五分之一,符合以小博大的原則,又能適應小市民的購買力。用兩塊錢博博運氣的心理,一直存在於一般小市民心中。這種投注金額的調整,已矯正了「多重彩」的錯誤。

設「多寶彩池」,儲存沒有人中的頭獎獎金,撥入下期作為頭獎獎金,累積成一個龐大的獎金數目,甚具誘惑力。這種設施的優點比「多重彩」多得多,例如:第一,它給人們一種錯覺,以為頭獎沒有人中,下次該中了,而且獎金更多,下次非再下注不可。第二,報章、廣播電台、電視台,都替它宣傳下次頭獎獎金巨額,

讓平日一向不賭錢的市民也會躍躍欲試，於是不斷吸引新的賭客投注。第三，當獎金積累到二百多三百萬元時，等於鼓勵賭徒用「大包圍」投注，好賭成性的賭徒認為以數萬元投注仍大有作為，於是投注總額就大量增加。這些優點，都是「多重彩」所沒有的。

「特別獎」和「安慰獎」都是已經停辦的「政府獎券」的特點，獎金金額和「政府獎券」不同，「政府獎券」的特別獎和安慰獎是按照獎金總額的百分比來分派，而「六合彩」是規定獎金數目，「特別獎」派彩 100 元，「安慰獎」派彩 50 元。設這種獎金的意義，在於給賭徒一種容易中獎的印象——只要選中 4 個號碼，2 元就有 50 元的獎金，抵上 25 次的投注了。

「六合彩」的措施也有其社會學的意義。筆者在談到「字花」的一章時，提到「字花」這種深入民間的賭博，到了 1975 年已開始轉變。「六合彩」的 36 個號碼，和「字花」中的 36 個古人完全相同。創造這種官辦賭博新形式的設計者，完全是以「字花」

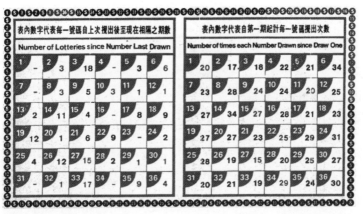

圖為香港獎券管理局於 1977 年第 75 期六合彩開彩後，發給各報的統計表，等於字花時代的字容。

為藍本。他們希望用同為 36 個號碼下注的「六合彩」來代替「字花」。因此，當時一些報章曾加以抨擊，指為官辦的「摩登字花」。

六合彩的兩種副產品

1977 年 2 月 17 日，立法局急不及待地通過《1977 年賭博條例》，可見政府有意禁絕「古老的字花」，而以官辦的「摩登的字花」來代替它來荼毒社會。

稱「六合彩」是「摩登字花」並不過甚其詞，我們可以從香港獎券管理局的做法加以證明。香港獎券管理局每次在「六合彩」開獎之後，即印發很多紀錄表給報館刊登，這些紀錄表有兩種：一種是記錄自首期到目前最近一期為止，每個號碼共開過多少次；另一種是，每一個號碼，隔多少期便有開過。這兩種紀錄，與舊式字花和白鴿票的「字容」相同，完全是為了迎合賭字花的人而設。

我們從「六合彩」的結構，找到一條官辦賭博的發展道路。它是官辦賭博的總結合。它的投注金額 2 元，是大馬票、小搖彩馬票、政府獎券的基本投注金額。它的特別獎和安慰獎，是政府獎券原有的東西。至於攪珠方法，每次攪出 6 個號碼，沿用「多重彩」的形式，但不必依次序，故它的英文名稱仍用 Mark Six。它不管字花荼毒社會的本質，以「納賭博於正軌」的口號來代替字花，是與麥當奴時代的意念一脈相承，其中以辦社會福利為口號的幌子亦然。

自從六合彩開辦之後，有一種新興的行業亦應運而生，這就是「扒格子攤檔」。在若干場外投注站的門邊或對面行人路

上，有人擺設攤檔，專為投注六合彩的人填寫表格。由於六合彩已採用電腦計算機，因此每張六合彩彩票上印有 36 個小方格，投注者必須用藍色原子筆將選取的 6 個號碼，在方格上畫上一個「×」的符號，可是方格太小，執筆機會不多的勞苦大眾，很難依照規格在方格上畫上符號，他們生怕畫得不好，中了收不到錢，寧願請人代勞。這些「扒格子攤檔」便應運而生。經營代填表格及畫方格的人，每票收服務費 3 毫。由於六合彩實際上成為摩登字花，以前買字花的婦人都轉買六合彩，是以幹這種生涯的攤檔，生意滔滔。作者曾在新蒲崗一處場外投注站側，詢問一位代人填六合彩表格的青年，據他所稱，每逢週一和週四，通常可以賺取 60 元。他們不只為婦女們填寫彩票，在賽馬前夕、孖 Q、場外孖寶四重彩等表格一併代填，每票也收服務費 3 毫，因此在馬季期內，平均每天都有近 40 元的收入。

　　這些代人填寫彩票表格的「扒格子攤檔」，嚴格上是變相的字花檔。因為以前買字花的婦孺，都是用口說出要買的號碼，字花檔的夥計為她填寫號碼。不同的是：從前字花檔是不收填寫服務費，因為買字花即是跟字花檔賭博。六合彩盛行之後，字花禁絕，不少從前在字花檔寫票的人，都轉業為人填寫六合彩和賭馬的表格。所以說六合彩為摩登字花，完全有根有據。

　　自六合彩流行後，另一種生意是製造各種為六合彩而設的博彩玩具。這些博彩玩具，包括有名叫「六合彩盤」、「六合彩骰」、「六合彩籤筒」以及「六合彩攪珠機」等，種類不下十餘種之多，這是投機商人的傑作。

第十一章 未被時代淘汰的陞官圖

陞官圖始創於唐朝，由李郃發明，初叫彩選，以後歷朝均加改革，以便適應當代的官僚制度。

同治至光緒年間，在香港極為流行。這種以清朝官僚制度為綱目的賭具，竟保存至今。

香港還有很多賭博，一般人不知道，因為這一類非普通性的賭博，常流行於某一階層人物的小圈子中，故而不大普遍。不過，查考這些賭博的歷史，也有過一段流行的日子。

例如「陞官圖」，這種賭博目前仍有部分人士喜愛，它並未被時代完全淘汰。筆者知道仍有商人印製陞官圖出售。據出售的商人說，每年陞官圖的銷售約為 2000 張左右，他還說：近年來購買陞官圖的有頗多是中學生或大專學生，總之這是知識分子仍在玩的賭具。

陞官圖是一張大如麻雀牌枱面的方形圖表。上面印上了清代各種官銜，用 4 顆骰子來進行賭博，能容納 4 人至十餘人一起入局。這種賭具自 1850 年左右在香港流行，而以光緒年間（1875 年至 1908 年）最為盛行。因當時科舉未應，香港居民仍可參加各種考試，陞官圖印上文武百官的官銜，對於各官的出身以及遷升和貶罰，都依照清朝的官制。熱衷於功名的知識分子，參與這種賭局，既可熟知官場的制度，也知道那些官職是肥缺，對他們總有些幫助。

關於陞官圖的賭法，下面將為讀者詳細介紹，現先說一個大概。它是用 4 顆骰子挪下來，以定升官還是留任，抑或是貶罰，

如果骰子挪得有功，便會升官，擲得受贓，便貶罰；還有所謂才、德，等等。茲引金學詩的《牧豬閒話》一段，先説明之：

> 今俗所傳「陞官圖」，以文武出身分仕途，以人品忠佞分勝負。六子以四為「德」，以六為「才」，以二三五為「功」，以么為「贓」。遇「德」則超遷，「才」次之，「功」亦陞轉。遇「贓」則降罰。

這是陞官圖的大概情形，圖中刊出各種賭例，依照賭例進行，便可分勝負。由於這種賭具與當時清朝官制有關，與實際相結合，一般知識分子都耳熟能詳，他們看見擲的 4 顆骰子，便知道應陞官還是應留任。

唐宋明清各朝均有陞官圖

考陞官圖的歷史，源流很古，唐朝已開始出現，相傳是李部所發明。宋高承所著的《事物紀原》云：

> 唐之衰，任官失序，而廉恥路斷。李賀州邰譏之，恥當時職任，因投子之數，均班爵賞，謂之彩選；言其無實，惟彩勝而已。

可見陞官圖，是從唐代的彩選演變而來。李部發明這種賭具，

在諷刺當時官制的不循正軌，好像碰彩一般，是以稱為「彩選」。
從房千里的《骰子選格序》所見，唐朝已流行這種賭博，該序云：

> 開成三年春，予自海上北徙，舟行次洞庭之陽，有風
> 甚急，繫船野浦下三日。遇二三子號進士者，以六骰雙雙
> 為數，更投局上，以數多少，為進身職官之差數，豐貴而
> 約賤。卒局，座客有為尉掾而止者，有貴為相臣將臣者，
> 有連得美名而後不振者，有始甚微而數升於上位者。

唐代的彩選，按唐代的官制來定升降，和陞官圖依清代官制
自然不盡相同。但是賭法中的「以六骰雙雙為數，更投局上，以
數多少，為進身職官之差數，豐貴而約賤」，則是和陞官圖的賭
法相近。大抵這種賭具，每到一個朝代即變革一次，使之適應現
實生活環境。例如到了宋朝，唐朝的彩選又變為宋朝的了。歐陽
修《歸田錄》載云：

> 葉子格者，自唐中世以後有之。說者云：「因人有
> 姓葉號子青者撰此格，因以為名。」此說非也。唐人藏書，
> 皆作卷軸，其後有葉子，其制似今策子。凡文字有備檢
> 用者，卷軸難數卷舒，故以葉子寫之，如吳彩鸞《唐韻》、
> 李郃《彩選》之類是也。骰子格，本備檢用，故亦以葉
> 子寫之，因以為名爾。唐世士人宴聚，盛行葉子格，五
> 代國初猶然，後漸廢不傳。今其格世或有之，而無人知
> 者，惟楊大年好之。仲待制，大年門下客也，故亦能之。

大年又取葉子彩名紅鶴、皂鶴者，別演為《鶴格》。鄭
宣徽、章郇公，皆大年門下客也，故皆能之。余少時亦
有此二格，後失其本，今絕無知者。

可見歐陽修幼年仍盛行唐朝的彩選賭法，到了中年，已由「鶴
格」所代替，至於「鶴格」的制度如何，因無文獻可考，無法知道。

但徐度的《卻掃編》有談及宋朝的彩選，雖寥寥數言，亦可
知這種古代的陞官圖，是隨時代而變遷的。《卻掃編》載云：

彩選格起於唐李郃，本朝躔之者，有趙明遠、尹師
魯。元豐官制行，有宋保國，皆取一時官制為之。至劉
貢父獨因其法，取西漢官秩升黜次第為之，又取傳所以
升黜之語注其下，局終遂可類次其語為一傳，博戲中最
雅馴。

由此可見，宋朝的陞官圖先後演變成三種格式，趙明遠和尹
師魯用元豐年間（1078 年至 1085 年）的官制製陞官圖；宋保國又
以當年的官制調整一次，只有劉貢父是取漢朝的官制，名之為「漢
官儀」。劉貢父是一位復古的人物，他以漢朝官制製陞官圖，亦
符合當時的政治環境。這些演變，完全是隨時代而行。

到了明朝，陞官圖之名才確定，並沿用至今，我們可以從《五
雜俎》中看到陞官圖這個名字。《五雜俎》云：

唐李郃有骰子選格，宋劉蒙叟、楊億等有彩選格，

即今陞官圖也。又有選仙圖、造佛圖，不足觀矣。

明朝的陞官圖究竟由誰改革，《五雜俎》一書並未說明，因為《五雜俎》的作者謝肇淛是萬曆二十年（1592 年）進士，當時的陞官圖已極流行，惟已無法考證。但據王漁洋說是倪鴻寶所製，王漁洋的《香祖筆記》云：

> 古彩選始自唐李郃，宋尹師魯踵而為之。元豐官制行，宋保國者又更定之。劉貢父則取西漢官秩升黜次第為之，又取本傳所以升黜之語注其下。其兄原父見之喜，因序之而以為己作。明倪文正公鴻寶，亦以明官制為圖。余少時偶病，臥旬日，無所用心，戲作三國志圖，以季漢為主，而魏、吳分兩路遞遷，中頗參用陳壽書，頗謂馴雅有義例也。

王漁洋指出明朝的陞官圖，由倪鴻寶所製，倪生於萬曆二十一年（1593 年），晚於《五雜俎》作者謝肇淛，要不是王漁洋自製三國志圖，不會指出是倪鴻寶將萬曆以前的陞官圖加以改良，而接近於清朝的陞官圖，反而清朝很多官制仍舊用明制。

相信三國志圖是清初改良陞官圖的作品，但因太複雜深遠，並非常人所能了解，故而不流行。至於後來改用清官制的陞官圖由誰人所改，則無從考證了。

陞官圖的玩法，亦因著時代而改變。上引各文，均稱用六顆骰子作為輔助工具，而清人金學詩在《牧豬閒話》所說，亦只說

出才、德、功、贓四種形式，與在香港流行的方法不同。相信這也是隨時代而改變的。改變的原因，無非是由繁而簡，由深遠而變為顯淺簡明，令到它適合當時的社會環境。今將香港歷年流行的陞官圖之賭法詳細說明於後：

賭法全靠四顆骰子

陞官圖是用四顆骰子作為輔助工具的，每一入局者各持兩枝小籌，從前多用寸許長的竹枝或牙籤，每人在竹枝或牙籤上，先劃上記號，如甲乙丙丁四人入局，甲的竹枝上劃一畫以為記號，乙劃二畫，丙劃三畫，餘類推。這些竹枝用來代表甲乙丙丁四人，將來擲得甚麼樣的骰子，從出身以至入閣，逐一押在所擲得的官銜之上，以免混亂。另一竹籤，則用以押在獎罰革留等位置上。

至於四顆骰子的分別定例如下：擲得兩顆六的，稱為才，即表示有才能；擲得兩顆五的，稱為功，即表示有功；擲得兩顆骰子是四的，稱為德，即德行最佳之謂；擲得兩顆三的，稱為良，就是善良，不過不失；擲得兩顆二的，稱為柔，柔是柔順，總算服從上級的命令；擲得兩顆一的（雙么），稱為贓，贓即受賄，犯官場的大忌，要受處分。不過，如果雙一而配一隻四，則可免於贓而不受處分。此外，擲得三四五六的便稱為穿花，茲將陞官圖中的原例，抄錄於後：

凡行是圖，用色子四顆。兩四為德，兩六為才，

兩五為功，兩三為良，兩二為柔，兩么為贓。兩么帶有一四，免行贓。若三四五六為穿花。已仕者作軍功。舉貢，生監，作召試。如大挑，教習，候選，併主考，學政，同考，大計，項下各條並各差，俱作一才。如休致，革留，交部，軍台，以及予告，俱作軍功復任。

凡起手時，每人用牌一對，以一張押本位，遇有大計、軍功各差，另以一張押之，以便查對。過後收回。每人臨局，各出壹百籌存公，以便各項支取。

凡一二品遇全四，得王爵。全六得公爵。全五得侯爵，全三得伯爵，全二得子爵，全么得男爵。如太醫院，欽天監，在從二品上擲全色，作正二品。大賀不得論封。

凡自三品以下及舉貢，生監，進士，並各差優敘，處分等處，全四作四德。全六作三德。全五作兩德，一才。全三作兩德一功，全二作兩德。全么作一德一才。

凡有願捐者，京官至郎中止。外任至道止，每級五籌入公注。京官捐外官，准作加一級報捐。如醫生，天文生，不願當者，准其加捐。醫生，天文生，已行者不准復捐。如願下場者，亦聽自便。如舉貢，生監遇謄錄、教習等項，不願當者，聽其自便。如貢生即照貢生行，餘倣此。

凡京外各官屬員，遇上司各出見禮五籌，品級相當者免。

凡遇公差支公注五籌，如在各差上遇贓，除追取回公注外，另罰五籌掣回。

　　凡總裁、主考、同考、學政遇贓，除追取回公注外，另重罰十籌掣回。

　　凡第一家大賀者，在局各賀三十籌，不再行。得大賀在先者，不必賀後得之家，第二得賀者，不必賀第三得之家，餘皆倣此。局完所餘公注，照股均分。

　　凡大賀，予告，休致，各照原品將本位之牌移押品級考上。如尚書大賀，押榮祿大夫上，俟各家行完後，視相去高下，一級出五籌，以次遞加，如正一與從二相去三級，出十五籌與正一者得。如末後一家係按察，即押通議大夫，不再行。若在革留，須捐復，交部須贖罪方算品級，如不捐復贖罪，無級可較，仍照每級五籌之例算級得賀之家。如賀者係從一，應以十七級算。

　　凡詞科及鴻傳迢德出身者俱作正途。

　　筆帖式出身及經任滿缺者作滿員。

陞官圖上有篇小序

　　從這賭例中可以看到當時清代官場的一般情形，例如官至一二品後才能封爵，捐官制度的盛行。京外各官見上司要贈見面禮，這不算是行賄。凡遇公差公幹，支取公注以盛行裝，但遇贓罰則要將公注交回及罰款入公。各高官大賀，其餘各小官階得賀以重金等等。總之，這是依照清朝官制編成的。在原版陞官圖的賭例後，有一篇似是序言的短文可供參考。其文云：

　　粵稽唐虞建官帷，百而有三考黜陟之條。周官
三百六十，而有六計弊吏之典。我國家陳綱立紀，官制
秩然，是誠萬古不易之經。有志之士所當考核也。今遵
會典制為品級全圖，備滿員漢員之制，別正途異途之分。
非遊戲也。誠使稽官階，識資格，展圖了然，良有裨益。
至於知己偶來，晴窗暇逸，出是圖遣興亦足繼雅歌投壺
之韻事耳。若官名間有遺漏，遷轉，容有未週，所望大
雅君子起而訂正之，實為厚幸也夫。

　　陞官圖的賭例已如上述，至於這種賭具是否完全依照清代的
官僚制度和習慣而編成，下面將分別討論之。為了傳真起見，特
將該圖分門別類照原式影印，然後加以討論。

　　先看下面《出身》一欄的情形：

　　清朝的官僚制度最著重「出身」，所以先從「出身」一欄開始。
欄目下的細字，是提示擲得甚麼骰子便算從甚麼地方出身。讀者
可根據上文的賭例自行研究，這裏只談談各種出身的大概。

　　總的來說，這是完全依照清朝官制編成的。所謂「蔭生」出身，是指藉先人之餘蔭而入國子監內讀書的學生。但清末國子監已不是教育機關，變成考試機關了（光緒三十一年，即 1905 年，將國子監併入「學部」之內）。清中葉的蔭生，分有「恩蔭」、「難蔭」、「特蔭」三種。祖父或父親是現任的高官，而又著有功勳的，皇帝恩賜他的子孫蔭生的名銜，名為「恩蔭」。祖父或父親殉職，照例皆得用他的子孫為蔭生，這一類稱為「難蔭」。另一類是將先朝耆舊老臣的子孫給予「蔭生」的銜頭，便是「特蔭」。

　　「軍功」出身，是指在軍事上有功，例如平定盜賊之亂等等，特此給予官職。

　　「貢生」出身是指由府、州、縣的學生，選出品學俱優者，送到京師升入太學之謂。

　　「恩賞」是皇帝恩賞給予官銜。

　　「保舉」是由長官選拔有功之人，保舉他擔任官職。

　　「詞科」是皇帝特別舉行的考試，稱博學鴻詞科。

　　「筆帖式」本是滿洲話，意思是執筆的人。清代各部院衙門都任用滿洲人充任筆帖式，負責將若干文件翻譯成滿洲文字。所以陞官圖特別指出，官學生和筆帖式均可協辦。

　　「天文生」是指對天文氣象曆法有特殊技能的人，被視為非正途出身。

　　「醫士」即是名醫，也不是正途出身。

　　「生員」凡在學肆業的通稱生員。

　　「監生」即入國學讀書的學生。

　　「官學生」即八旗官學的學生。清代以滿洲人統治中國，故

特別優待滿洲人。筆帖式只有滿人才能擔任，而官學生則只限於八旗、滿洲、蒙古、漢軍下五旗包衣，文職五品，武職三品以上，皆可挑取官學生入八旗官學讀書。八旗官學有滿文與漢文兩科。是以陞官圖出身一欄，特別強調官學生可以協辦，即是可以入內閣。

　　至於「供士」和「吏員」，都是差不多的，是屬於各衙門中的低級文員。「童生」是指應試的士子而言。

京察大計論功行賞

　　除了「出身」之外，陞官圖的賞罰制度，也符合清朝的體制。陞官圖有《京察》和《大計》兩欄。現置圖於下：

　　查清朝官制，考察京官業績，稱京察；考察外官，稱大計。這是明朝的制度，到清朝仍用來考察各官的成績，至於京察考察的方法，四品以上的官便由自己陳述，即是向上司作一任職以來的報告，以便上司裁定；五品以下的官，則由其他歸田官吏或有

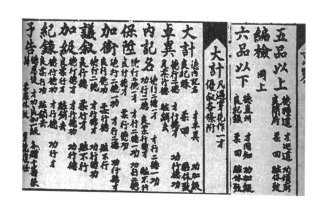

地位的居民，具冊奏數。至於大計，則是各州縣每三年，由布政司使向撫院具冊報告所屬各官的成績。這兩種制度，是決定升黜官吏的根據。

　　大計既然是考察外官業績的統稱，那末考察各外官（不是京官）好成績，便分為卓異，由內記名、保陞、加銜、議敘、加級、紀錄、予告等幾項加以獎勵。其中以「卓異」為最佳，《清會典》云：「凡大計卓異者，必按其事而書於冊」，才能優異的外官，吏部必按照該官的優異而加以特別獎勵。「內記名」也是一樣，有優異成績者會由吏部記名於冊；「保陞」是前二者的實際行動，即保舉他升官。「加銜」也是一種獎勵之法，通常是原官職不動，另加上比原官職為高的銜頭。照《清會典》所載，太師、太傅、太保、少師、少傅、少保等銜，都是用來加強有功卓異的大臣。但未必卓異就一定加銜，但加銜的必然是成績卓異。

　　「議敘」又是較次一等的獎勵。照《清會典》所述：凡大計有功交吏部核議，認為無訛，便稱議敘。至獎勵的辦法是分「紀錄」和「加級」兩種。紀錄三次之後，即獲加一級，加級後又有一次好成績，再加一次紀錄，如是者三次又加一級，故紀錄與加級共分十二等。

　　「予告」即准其告老歸田，即准老官員自動申請退休。

犯法官員五種處分

　　以上兩項是屬於考察官吏業績範圍中獎勵的辦法，至於業績

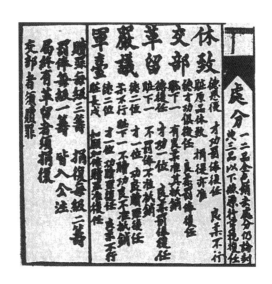

差、犯錯誤、受贓等劣行，便要處分。故陞官圖亦有處分的圖表：

　　處分劣績的官吏，《清會典》略分為五種：即休致、交部、革留、嚴議、軍台等五類。後來有罰俸、捐款復職等項目。

　　「休致」是強迫退休。本來告老歸田也叫休致，但這種在處分之內，當屬勒令休致，即強迫這個劣官退休。

　　「交部」即交吏部處置，它和有功交部紀錄是同一方法，不過這是記錄他的劣績。通常可罰俸了結，或捐款復職的，所以陞官圖的「交部」條下，有「罰俸復任」一項。

　　「革留」是革去官職留以觀察之謂。

　　「嚴議」是較為嚴厲的處分，即由吏部嚴格審議。

　　「軍台」是定罪後發至軍台之謂。按清制設在西北兩路的驛遞，稱為軍台，總數有百餘個之多，分別統轄於阿爾泰軍台都統，或定邊副將軍等武官。被處分的官員發往軍台效力，照例每月要繳交台費若干兩銀，三年期滿方可請旨釋還。這種處分，等同充軍。

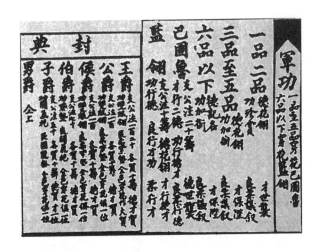

此外，清制還有很多獎勵有功官員的方法，陞官圖另闢三欄，一名「軍功」，一名「特恩」，另一名「封典」，都是賞給有特殊功勳的官吏。今先列「軍功」與「封典」於上：

在軍事上有功的官員，稱為軍功，上圖已說明，各級官吏有軍功，有一定的規格嘉獎。上表頭三項中下面的小字，都有「花翎」、「世襲」等項目，這種獎勵詳後。這裏只談「巴圖魯」和「藍翎」兩項。

「巴圖魯」是滿洲話，意思是勇敢。凡有軍功的小官員，多給予巴圖魯的稱號，清代的武官多有此號，作為勇敢的符號。考元朝已有巴圖魯，譯為霸都魯或拔都魯，是關外遊牧民族勇敢的標誌。清代就用這種稱號給予有軍功的武官。查巴圖魯分滿字巴圖魯和漢字巴圖魯兩種；滿字巴圖魯有博奇巴圖魯、烏能伊巴圖魯等；漢字巴圖魯有奮勇巴圖魯、剛勇巴圖魯等。

「藍翎」也是一種嘉獎的方法。清朝官服的禮帽多有「拖翎」，就是在官帽的後邊配以羽毛。藍翎即皇帝獎賜給有軍功的武官，在

禮帽配上藍色的羽毛。查藍翎其實是鶡鳥的羽毛，因為其毛色藍，故稱藍翎，但羽毛中沒有眼，所以俗稱為無眼花翎，是賞賜花翎中最低級的一種。自太平天國起義之後，這種無眼花翎賞賜泛濫，甚至可以給一筆巨款而獲得賞賜。是以清末，在香港不少富商，都戴這種無眼花翎的官帽。

至於「封典」，是有特殊功勳的大員專有的封贈，亦即所謂封爵。封爵一般分公侯伯子男五等；清代另封滿人為王爵，故有六等。

此外便是「特恩」的獎賜。請看下表：

表內各項，都是清代皇帝賜給有功大臣的各項殊榮，其中「寶石頂」為御賜寶石頂戴，這和另一行「紅絨結帽頂」屬同類賞賜，但榮譽則有別。按清朝官服上的官帽，帽頂上一般分別有各種顏色的珠，以珊瑚、寶石、水晶、金等製成，稱為頂戴。御賜寶石頂戴是特殊的賞賜，故陞官圖把它列為第一位。其下則有「大賀」的規定。

「三眼翎」就是三眼花翎，是皇帝賜給有功大臣在官帽後的羽毛之一種。另一種是「雙眼」和「花翎」。

「團龍褂」及「開氣袍」，是皇帝賜給有功大臣的錦衣；其

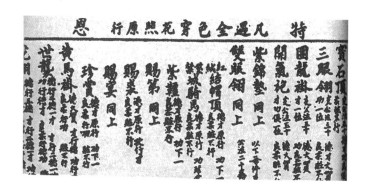

次是「黃馬褂」。

「紫禁城騎馬」即特准在皇城之內騎馬，這也是一種特殊的榮譽。

其他如「賜第」，即皇帝御賜府第。「賜裘」，即御賜皮裘，「賜宴」是賞給酒席，「珍賞」是給功臣一些珍貴的禮物，甚麼都有。

「世襲」即准許大功臣的子孫世代承襲各種封典。

總之，陞官圖大部分依循清代習慣，從這些可知當時封建王朝用各種獎勵方法，讓眾大臣向朝廷效忠。

表面看來，處分只四種，獎勵則多多，似乎在清朝裏做官很容易；其實不是這麼簡單，因為四種處分行使於各級的官吏皆動輒得咎。圖中各種官銜之下，都有一個「贓」，這贓即是得咎的原因。但有些滿族人遇贓不究，這也反映出滿洲人統治中國時的民族優待。從這點看來，陞官圖必然是漢人所創製。

清代教育重視縣學

討論過獎勵與處分之後，再看各種官制的設立，先從各種考試制度談起。清朝的考試制度，一般分鄉試和會試兩種，鄉試每三年舉行一次，會試是在鄉試舉行後第二年舉行，會試中式之後，便參加殿試。

參加鄉試的通稱生員，然而，凡參加鄉試的人，必須先入縣學讀書，入縣學讀書也要考入學試。考入縣學肄業的通稱生員，而且有限額，在此先談縣學。陞官圖也依這體制，故在鄉試和會

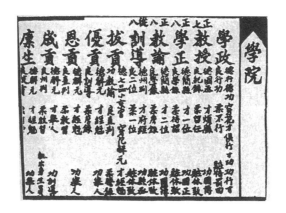

試之前，設一圖表，名為「學院」，茲列圖表如上：

　　清代的縣學，由省城的提督學政（即陞官圖的「學政」）統其成，多由進士出身人士擔任，職權大如今日香港的教育局局長。其下設教授、學正、教諭、訓導等視學官和官職教員來管理學校。他們都是官員，故陞官圖這些名銜之上，有「正七」、「正八」等字樣，這是正七品官、正八品官的簡稱。

　　在縣學讀書的學生，一般都由政府供給膳食，所以稱為廩膳生，簡稱「廩生」。廩生各縣有限額，人數因各縣情況不同，故在限額外增添若干名便稱為增廣生，又名「增生」。全國各州縣都有文廟，每月都要祭孔子一次，在祭孔時，擔任「佾舞」儀式的生員，稱為「佾生」。有些地方的佾生，例如山東曲阜孔子廟的可由衍聖公（孔子的後人，獲清朝封號）選派入國學，直接參加會試。

　　用香港通行的語言來說，這些在縣學讀書的學生，操行優良，成績又都在 A、B 級之間，可謂品學兼優，由縣學提拔到京師，再升入國學，這一類學生通稱貢生。貢生分「拔貢」、「優貢」、「恩貢」、「歲貢」等多種。

　　這些都是清代維新變法以前的制度，到光緒末年廢科舉以及辦學堂，顛覆整個教育制度。所以從體制上看，這陞官圖應是在光緒之前發明的。

　　教育制度已如上述，那末考試制度又怎樣？先將陞官圖中鄉試和會試兩表列後，以說明之：

　　鄉試每三年舉行一次，由朝廷派試官到各省的省城去主持試考。朝廷所派的官員，有主考、同考及監臨三種。陞官圖鄉試一表內前三名是官名。所考的多是四書經義之類的題目，還有詩和策問兩種試題。開科取士是被形容為機會人人平等，故此對主考官，和副主考（即同考）以及監考（監臨）都極為重視，這些官員如有舞弊，必受重罰。陞官圖這三條之下，有「贓罰回」等字，即表示這三種官，萬萬不能貪污。

　　鄉試古稱解試，所以中鄉試第一名的考生，稱為「解元」。又鄉試因為以經義取士，經學最佳者稱為「經魁」。再查經魁是明朝的制度，明朝考試以五經取士，各經均取第一名，稱為經魁，亦稱五經魁。清朝科舉制度不限於在五經出題，故以前五名同稱為五經魁，這是僅次於解元的榮譽。

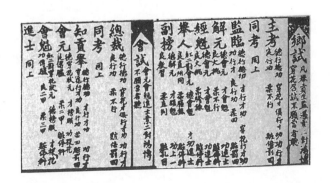

在鄉試中式，通稱為「舉人」。中了舉人，翌年便可以到北京參加會試。自然，解元、經魁都可以參加會試。但是副榜則不同。

「副榜」又名副貢生。清朝各省取錄舉人都有一定的名額，成績好的考生不一定都能中舉人，是以在名額之外，另選出副榜若干人。考中副榜的，被送入國學去繼續讀書，下次再參加考試。用現在的術語，就是給他們繼續升學的機會。被送入國學的學生，通稱貢生，而由副榜送入國學的，便叫副貢生。

鄉試考舉人會試考進士

陞官圖副榜一條之下，差不多可以說明副榜的地位。該條文下的細字說：「德，解元，才，經魁，功，上一，良，教習，柔，直判，贓，孔目。」就是說，副榜下次仍有機會中解元，經魁，舉人（上一即上一級）；如不再考或落第，可以出身做事、教習、直判、孔目，皆為官職，都是這位副榜所宜做的官。至於這些是甚麼官，在討論官職時才說明。

會試，是各省舉人到北京禮部參加考試之稱。清制會試之期，定於鄉試第二年舉行。所以一般人說，四年開科取士，即四年考一次大考，產生許多進士和翰林；狀元、榜眼、探花等也誕生。會試中式之後參加殿試，所以會考是第一級，殿試是第二級。

會試是在禮部的貢院中舉行，因此會試中式的通稱貢士。主持會試的主考官名為「總裁」，多由禮部尚書擔任。「同考」即副主考，「知貢舉」是主理一切考試事務的官員，多由禮部侍郎擔任。

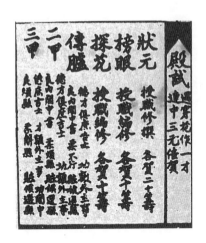

陞官圖會試一表內，前三名都是官，也是貢院的考官。會試第一名稱「會元」，第二名至第三名通稱「會魁」。凡中式者參加殿試，都稱「進士」。

陞官圖沒有貢士，也許作者以為凡中式都參加殿試，人人都稱進士，便沒有貢士之銜。實際上有中式因故不能參加殿試的，例如遇上疾病及其他原因等，這是有點不符事實。

殿試，原則上由皇帝親自主持的考試，陞官圖殿試表如上：

殿試一甲第一名叫「狀元」，一甲第二名叫「榜眼」，一甲第三名叫「探花」。據《稱謂錄》一書考證，榜眼一名始於北宋，當時沒有探花之名，統稱一甲第二第三為榜眼，因為狀元是首，狀元之下的兩名稱為眼，眼為一對，所以第二第三名都叫榜眼。到了明朝，榜眼才專指第二名，第三名為探花。清因明制，是以一甲二名為榜眼，一甲三名為探花。

殿試取三甲，即依考生的成績，分為三級。第一級是一甲，即上述的狀元榜眼探花等，至於二甲第一名，則稱為「傳臚」。

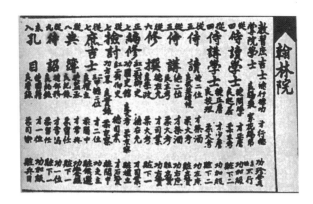

陞官圖將傳臚放在「二甲」上一位，即是二甲第一名。

殿試除了一甲的三名，和二甲的第一名另有稱呼外，其餘中式的統賜庶吉士銜，這就是翰林。其他殿試落第的，就是進士。

陞官圖的狀元之下有「授職修撰」四字；榜眼和探花下，都有「授職編修」四字。從這裏，可以討論官職的情形。原來，清朝的官制頗多沿用明朝制度。中了狀元之後，在明清必定入翰林院任修撰之職，故狀元又稱殿撰。陞官圖和當時制度相同。現將陞官圖中的翰林院圖表影印於上：

清朝的翰林院，由滿族大臣及漢人大臣各一名掌管，稱庶常館教習，下設侍讀學士、侍講學士，及侍讀、侍講等職，主持訓課。陞官圖將庶常館教習滿員和漢員，分為教習庶吉士及掌院學士，但兩者平行，大體上與事實相符。至於侍讀和侍講等職，主要工作是替皇帝寫文章，校理經典書籍，有時皇帝興到，想編一套書傳世，或編一本字典，都是由翰林院職員編寫。著名的《康熙字典》，就是由翰林院這一群侍講侍讀主持的。

　　上文說過狀元的官職是修撰，榜眼、探花的官職是編修。陞官圖把修撰、編修、檢討三職列於侍讀、侍講之後。至於這三個官職做的是甚麼呢？原來他們負責修國史，故統稱為史官。下面有一群翰林協助，他們就是陞官圖的「庶吉士」。這也正是俗稱翰林為太史公的由來。

　　典簿負責主理名簿，待詔則掌校對各種文稿，至於孔目的職責，則是翰林院裏的圖書館管理員。是以陞官圖在孔目之上，加「未入」二字，即說他們雖在翰林院工作，卻是未入流的低級官員。

翰林院內狀元修史

　　在陞官圖翰林院側，有「詹事府」一圖表，其後又有「中書科」，它的形式如下：

　　擲陞官圖的人，當骰子轉到要把他的官職調到詹事府去時，必說：「又陪太子讀書了。」詹事府其實是中國封建王朝的特殊機構。這個機構自漢朝已經存在，到了唐朝才確定，以後每一朝代都繼

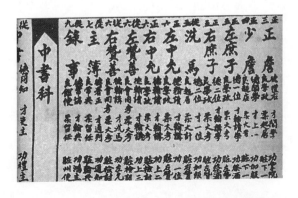

承下來。它的工作是替皇太子服務。封建時代，皇太子就是未來的皇帝，當皇帝冊立太子之後，皇太子便要學習管理國家大事，詹事府是提供皇太子一切學習需要的地方，相當於太子辦公室。

詹事府由正詹事和少詹事主理，下設左右庶子。左庶子一般陪伴太子出入，作太子的近身顧問。右庶子多掌管文書，作太子的秘書。

洗馬，是皇太子辦公室內主理經籍的要員，故又名太子洗馬。他並非替皇太子當洗馬的馬伕，實際工作是管理經籍。之所以稱為洗馬，是沿用漢朝的名稱，本名先馬。在漢朝，太子出遊，這位官員先行作太子的先驅，是以稱為先馬。隋代將官名改為司經局洗馬，歷代都沿用洗馬之名。清朝沒有例外，卻只稱洗馬。

太子辦公室內，另設中允兩人，他們負責教太子各項禮儀，及指導各種公文程式等事。陞官圖中的左中允和右中允，都是正六品官，不分正副。

以上各種官職，都是有實事可做。至於平時教太子讀書的，則由左右贊善負責。陞官圖上有這兩個官名。此外，太子辦公室內設主簿和錄事，主簿是錄事的總管，已是詹事府最低級的官員了。

至於中書科，陞官圖另闢一欄，內只一名中書。這中書科設在內務府與詹事府中間，職責是傳達命令，和書寫宮廷內的機密文件，是宮廷中的機要秘書處。

陞官圖對一些官職略而不詳，其中最簡略的要算內務府。且看內務府的圖表如下：

　　清朝的內務府，實際上是一個龐大的機關，所有紫禁城內的事，都由內務局主理。對於皇宮的財政收支，以及祭禮、宴饗、

膳食、衣服、賜予、刑法、訓練，無一不由這個機關主理。照清制，內務府內設有七個司，而由總管大臣主管。他們的名稱如下：

1. 廣儲司，2. 會計司，3. 掌儀司，4. 都虞司，5. 慎刑司，6. 營造司，7. 慶豐司。此外還要管到武備院、上駟院，和奉宸苑等。

宗人府專理王室血統族譜

陞官圖的內務府只簡單地設一總管，其下設郎中和員外兩官，就是略而不詳。由於它是管理皇室的機構，創製陞官圖的是漢人，對於全由滿人主持的內務府，其詳細情形不易查悉，只好略而不詳。不過，陞官圖大致上並沒有錯。該七個司都是由正五品的郎中，和從五品的員外郎擔任。它在總管之下設郎中和員外兩官，也已足夠了。

清朝除內務府之外，另設一宗人府。陞官圖對宗人府的官制，比內務府詳細，其圖表如右頁：

　　考宗人府是掌管王族的族譜及一切血統的紀錄，並審查各王族資格的機關。歷代封建王朝，都設這種機構，因為很多王親國戚都有封地，或到各省去任職，此後多在當地住下來，如果沒有一個掌管紀錄的機構，就很容易忘記。而且，封建時代下王族的婚姻都講究身份，宗人府可提供這些資料。至於清朝的宗人府，以宗令為長官。陞官圖今作宗丞，料是宗令之誤，可能是翻版印刷、輾轉傳抄之誤。其下所設理事官、副理事、主事、經歷等職，都是處理實際工作、整理資料的；其中經歷一官負責處理來往公文，宗人府內的文書，一發一收，都由他經手。

　　為皇室服務的機關，陞官圖都記錄齊全，有詹事府、內務府、宗人府等。此外，另有五寺內則為皇室服務，外則為國家工作。封建時代，朕即國家，理論上任何機關都是為皇帝工作，但實際上有所分別。各地方官府都有所管轄的機關，他們不屬皇室所管，只有五寺與皇室有關，這五寺是光祿寺、大理寺、太常寺、太僕寺、鴻臚寺，陞官圖也有這五寺。

五寺分掌法、把、馬、布、禮

陞官圖對於各寺所列的圖表亦頗詳細，現分別將各圖表列後：

陞官圖以大理寺列於各寺之首，鑑於大理寺是掌法的機關，它等於全國最高法院，理應在五寺之首。古時，大理寺為九卿之一，是以各寺的主管都以卿為官名。正卿即最高法院院長，少卿是副院長，而寺丞、評事就是法官。

陞官圖的太常寺圖表相當詳細，充分說明太常寺的一般工作。太常寺也是九卿之一，同樣以正卿、少卿主其事。太常寺是主理宗廟祭祀禮儀的機關，內有樂隊、司儀，在拜祭太朝時負責安排一切。是以太常寺內，除正卿、少卿、寺丞三位主管官外，另設博士、典簿、協律郎、讀祝官、贊禮郎、司樂等員，他們負責祭祀太廟的一切工作。

陞官圖將太僕寺放在太常寺之後，這也是符合實際的，因為太僕寺主要管理馬政。古時，車馬既是交通工具，又是戰爭武器，太僕寺所掌管的就是車和馬，它向內宮供應馬匹和車輿，亦向國

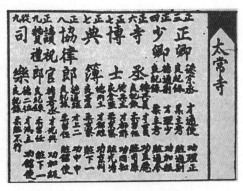

家準備軍馬和戰車，正因機關涉及軍事，多由滿人擔任。故陞官
圖在太僕寺圖表內，加有「滿缺」之字，即滿人出缺，可任此職也，
其餘漢人不能擔任。

最後一寺是鴻臚寺。這種編排亦合理，因為光祿寺在內則向
內務府提供皇宮所需要的東西，在外則為國家提供所需的物資，故
應在鴻臚寺之上。考光祿寺的職責，是為國家提供軍營帳幕，權
充一處物料供應和籌劃的機關。宮廷內的膳食資料、羅帳等物料，
亦由此寺提供。光祿寺古已有之，也是九卿之一，是以清制仍以
正卿、少卿主其事。它多由滿洲人擔任實際工作，陞官圖也有「滿
缺」等字。

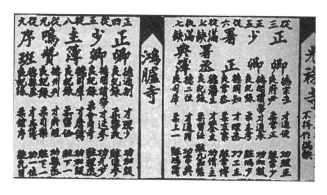

鴻臚寺在五寺中，是主持朝廷賀慶喪弔禮儀的機關，它名鴻臚，鴻是高聲，臚是傳導。因為它的職責是傳聲贊導而得名。它是向入京官員提供禮儀訓練的所在，從前的外國使節、新科狀元，以及各種未見過皇帝而不明朝見禮儀規矩的人，都到此習禮，職責相當於禮賓司。

由於鴻臚寺負責朝廷賀慶弔唁等禮，是以屬內除正卿少卿外，設記事官主簿，贊禮司儀鳴贊及序班等職。陞官圖因此也詳列出來。

五卿之外設六部尚書

清朝的制度，於五卿之外，有六部尚書，六部即吏部、戶部、禮部、兵部、刑部、工部，陞官圖中以吏部為首，圖表如右頁：

吏部是六部之首，主理全國文職官員銓敘，勳階升黜，以及調動等工作。其重要性相當於行政院中的內政部，清朝六部各設尚書及左侍郎、右侍郎主理政務。該部是一個龐大的機關，陞官圖只是將它簡化了。又將候選知縣列在吏部表內，其實這候選知縣是等候吏部派出去當職的候補官員而已。

戶部相當於財政部，管理國家財政，舉凡田賦、稅收、發行貨幣，都由這個機關主理。亦以尚書、左侍郎、右侍郎、郎中、員外等官職處理部務。因屬國家財政機關，故有司庫及寶泉局二職。寶泉局負責發行通貨，即鑄造錢幣元寶等事。司庫掌管財務，相等於香港的財政司司長。陞官圖內容頗完備。

吏部　漢貝張翰林州吏憲御大夫

戶部

禮部

　　禮部相當於考試院和教育部，既要管理全國的學校，派出適合的教官，同時又主持考試，是以組織龐大。陞官圖對這一部分最為詳細，因為這是陞官的命脈所在，凡圖中所謂正途出身的，都和禮部有關。創製陞官圖的人，如非在禮部做過官，也必考過會試，否則不會如此詳細。封建時代下，禮與樂常常相提並論，因禮部也要主持拜孔夫子之禮，是以禮部也有樂部。此外禮部也印刷一些書籍來頒行全國，是以設有印刷局和主持印刷的官員。

　　查清朝的兵部，到光緒末年改革政制時，將兵部和太僕寺合併入陸軍部去。從這一合併，也可了解兵部的性質。上文介紹太僕寺時，指出太僕寺主理馬政、牧馬、養馬、選馬，而兵部本亦設有馬館。兵部這些馬或由太僕寺供給，或向民間徵用。然則兵部的實際工作是甚麼呢？它是管理駐於國內國外武官的機關，對武職官員銓敘、調職、派駐，以及儲備軍實、訓練士兵等工作。陞官圖於該部只加一馬館，而無練兵處，似較實際情況為簡略。

　　刑部掌刑法及訴訟典獄各事。所以陞官圖上，在該部內設提牢廳及司獄兩官。在清代的章回小說，常出現一些犯法的大臣，交刑部審訊，及押入天牢。天牢，就是刑部所轄的監獄。陞官圖對刑部的一切，大致上符合事實。

　　工部在清朝大致上負責建設皇宮和皇陵，不時顧及水利等建設。查工部古已有之，本是掌營造及百工之政，舉凡營造、鑄造，都由工部負責規劃。陞官圖在工部主事之後設寶源局和司匠，這寶源局也是鑄造錢幣的機關，由局長一員主理。查清制戶部和工部都有造幣廠，而且兩部都派員到各省去鑄造錢幣就近發行，省去一筆運費。司匠就是調派鑄幣工匠到各省去的主管，可見陞官

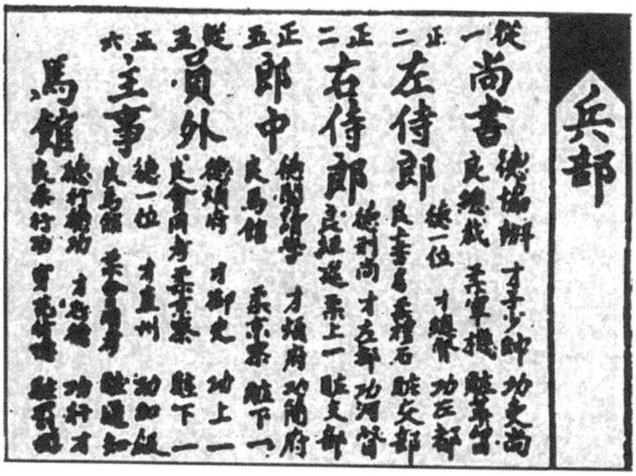

兵部

從一　尚書
正二　左侍郎
正二　右侍郎
從五　員外
正五　郎中
正六　主事
馬館

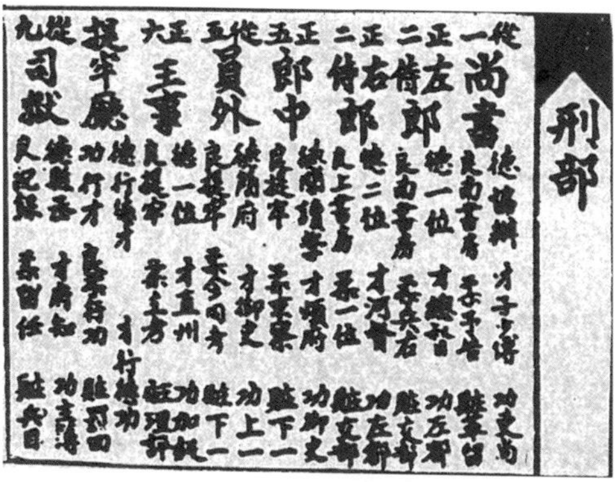

刑部

從一　尚書
正二　左侍郎
正二　右侍郎
正五　郎中
從五　員外
正六　主事
提牢廳
從九　司獄

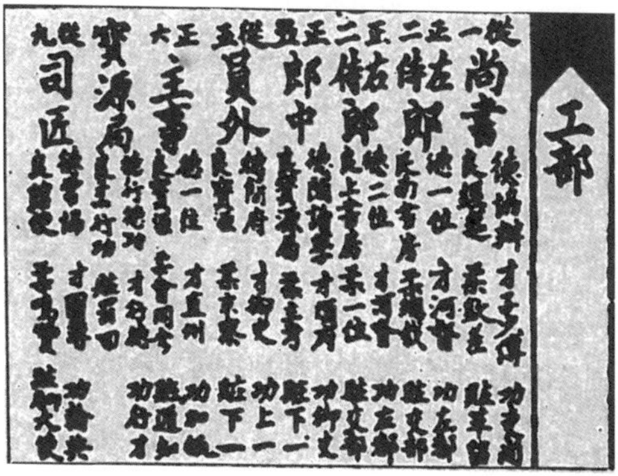

工部

從一　尚書
正二　左侍郎
正二　右侍郎
正五　郎中
從五　員外
正六　主事
寶源局
從九　司匠

圖工部一欄，與事實頗相符合。

　　陞官圖的六部尚書都是從一品，但在各部尚書一條下面，都有小字，頭一行是「德，協辦」，第二行是「才，少傅」或「才，少師」等等。這些協辦、少傅、少師等的都是名銜。其實清制六部尚書，多數領了大學士的銜頭，就可以入內閣成為正一品的大員。官階升到這麼高，已很少是禿頭的了。陞官圖別有幾個圖表，作為這些大官兼銜之用，其中一欄名「殿閣」，另一欄為「宮銜」。這兩欄都是那些一品大員所不可缺少的兼銜。原來，清朝封贈的大學士銜多領有「殿閣」的名稱，如文華殿大學士、武英殿大學士等。這些大學士不同於今日香港大學的大學學士學位，而是最高的榮譽。領有這些大學士的銜頭，才算正一品大員，有資格被選入內閣。但只有協辦大學士，才是內閣大員。

　　至於「宮銜」欄內各種兼銜，陞官圖列得頗為詳細而又簡明，與實際情況沒有半點遺漏。它把這許多銜頭稱為「宮銜」，因為世俗以為，太師等銜是皇帝的老師，太子太師名義上是太子的老師，實際上這些只是虛銜，並非當皇帝或太子的老師。查太師、太傅、太保，稱為三公；少師、少傅、少保，稱為三

孤，這些是周朝定下來的封銜，表示地位高於九卿。歷代仍保留這些封號，清代亦典用。

除此之外，陞官圖還有兼銜及世爵兩圖，這都是皇帝封贈的名號。這些名號都是有俸祿可食，並不單是榮譽。其中世爵便是世職，即可一代傳一代，世職中的衍聖公不是外人能封贈的世號，它只限於孔子的後裔。

陞官圖又別為一圖，名品級考，這也是封階的官銜，並無實際職務，「大夫」銜自正一品至從五品，「郎」銜自正六品至從九品。一般稱之為散官。

從陞官圖的「內閣」和「內廷」兩圖表，可以考證這個表必在雍正之後，光緒之前所創製。因為軍機處設於雍正年間（1723年至1735年），而陞官圖很多官職，上文已說過不少在光緒年間（1875年至1908年）便已裁撤，故此可以肯定是在乾隆至同治這些時代創製出來。

查清初政制仍仿明朝制度而行，在紫禁城內設文華殿、武英殿等殿閣，眾大學士常侍於天子之側，參與國家機密政務大事，

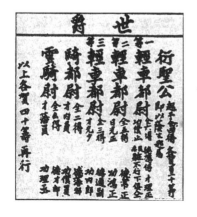

品級考

正一　光祿大夫	從一　榮祿大夫
正二　資政大夫	從二　通奉大夫
正三　通議大夫	從三　中議大夫
正四　中憲大夫	從四　朝議大夫
正五　奉政大夫	從五　奉直大夫
正六　承德郎	從六　儒林郎
正七　文林郎	從七　徵仕郎
正八　修職郎	從八　修職佐郎
正九　登仕郎	從九　登仕佐郎

內閣全

正一　大學士
從一　協辦大學士
正二　內閣學士
從二　侍讀學士
正三　侍讀
從三　侍讀
正六　協辦侍讀
從七　典籍
正七　中書

內廷

經筵講官
南書房
上書房
軍機處
起居注
正六　主事

避免用宰相的名稱。實際上，內閣大學士即是宰相，所以內閣亦是最高行政機關。但是到了雍正年間，雍正多疑，特別對漢人不甚信任，當時正在向西北兩路用兵，因此把重要的機密事務，設於內廷，名為軍機處。原來，內閣當時設於太和門外，離內廷相當遠，雍正怕機密外洩，又考慮內閣中各漢人不忠，故在隆宗門內設軍機處，由內閣中選一親信的中書調入軍機處繕寫重要文件，並由親王任軍機處大臣，總領各種機密。所以自雍正以後，內閣的大權移入內廷，由軍機處主理。內閣大學士、協辦大學士，除非兼調到皇帝的辦公廳或軍機處，否則不易參與機密事務。在戊戌政變時期，內閣與軍機處的鬥爭至為明顯。後來改革官制，將內閣和軍機處合併，設責任內閣，內閣總理稱總理大臣，各部尚書稱國務大臣，民國初年改為國務院。這就是整個制度的沿革。

　　陞官圖的內閣和內廷兩圖表，使人不容易明白兩種官職的實際作用。看來，內閣設大學士、協辦大學士、內閣學士，好像內閣主理國家大事的一切政務。而內廷又有經筵講官、南書房、上書房，然後才到軍機處，彷彿內廷只是皇帝讀書之所。無怪乎用這陞官圖作賭具的知識分子，對此都弄不清楚了。

南書房是皇帝辦公室

　　查歷代封建王朝，都是標榜以聖賢之道治國，在形式上，皇帝經常研究四書五經。故此內廷設一經筵講官，這位經筵講官，多從大學士，或各部尚書、侍郎、詹事、侍讀、侍講等官中簡派出來，

作為向皇帝講學的教授。實際上皇帝很少去理會這些四書五經，也懶得聽他們講學。不過，由於祖宗定下來的規矩，不得不依從，所以自明朝開始，每年只有春季和秋季兩次，舉行經筵講學。陞官圖列講學官於內廷之首，其實不符實際，這位經筵講官，榮譽雖大，實權為小，聊備一格而已。

南書房是清代特有的組織，它實際是皇帝的辦公廳，在南書房辦事的，稱南書房行走，在南書房辦理文書繕寫工作的，叫南書房章京。在南書房行走的，有內閣中的大學士，亦有翰林院、戶部、吏部等官員。總之，皇帝派他到南書房去的，通稱行走，並沒有別給一個官銜。有見及此，南書房實際是皇帝辦理一般政務的辦公室。據說，南書房設於乾清宮之南，故名南書房，又稱南齋，於康熙年間（1662 年至 1722 年）設立。

上書房設於乾清宮之左，這是太子讀書之地。但與南書房比較，顯得毫不重要。

軍機處是處理機密政務的機關，較南書房為重要。上面已說過，這是雍正王朝所設的機關，操實際機密政務的地方，由軍機大臣主理。

起居注是專替皇帝作日記的史官，記錄皇帝起居言行一切動態。他的下屬，就是主事。

除此之外，陞官圖還有「理藩院」和「都察院」兩圖表，這些圖表，處於六部之後。這是京官中品級和六部差不多的。陞官圖的圖表如右頁：

從陞官圖理藩院的圖表看，該院和工部等六部的體制差不多。事實上，理藩院也是清朝重要的機關，因為雍正、乾隆對外用兵，

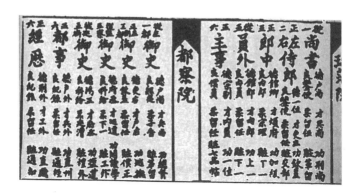

向西藏、蒙古擴張，又向少數民族不斷壓迫，因此便設了這理藩院加以統治。理藩院多由滿洲貴族和蒙古貴族主理，設尚書一人，左右侍郎及郎中員外郎管理，並處理被征服的「藩部」的封授、朝覲、進貢、黜陟等事。陞官圖所列的各員與實際相符，只是沒有在各員標示滿蒙族才能擔任該職而已。

至於都察院，陞官圖設左都御史、左副都御史、監察御史、巡街御史、都事、經歷等職。查都察院，本是明朝所設的監察機關，明朝都察院共有五御史，清因明制，但省去僉都御史，只剩四御史。至於都事一職，和工部及理藩院的主事是同等的職務，主理院內一切文件的實務工作。經歷，則是掌理文書的收發。陞官圖所列各職，頗符合事實。

通政司代收各種奏章

此外，陞官圖又有「六科給事中」、「會同四驛館」、及「通政司」三表，其表式如下：

　　陞官圖將六科給事中放在都察院圖表之後，但另列為一表。其實，六科給事中本屬都察院所轄，專門負責規諫工作。因為給事中本為諫官，對吏部、戶部、禮部、工部、刑部、兵部的措施不當時，負責監察的給事中便出而進諫，因此名為六科給事中。陞官圖別為一表，使人誤會以為是另一組織，其實是屬於都察院內的諫官。

　　圖中會同四驛館的「驛」字，想必是手民傳抄之誤，原名應為「譯」字。因為這一機關負責翻譯外國文書，稱為「譯」方合。查該機關在隋唐時稱四方館，明朝改名為四夷館。清朝將會同館與四夷館合併，稱為會同四譯館。它的體制與鴻臚寺相似，設少卿一人，另有大使、序班、通事等職。清代常由會同四譯館少卿兼鴻臚寺少卿，因為鴻臚寺是負責指導入朝覲見皇帝一切禮儀的機關，而會同四譯館則是招待外國使節及負責通譯與朝見等工作，職能上與鴻臚寺的指導禮節，有不可分割的聯繫。

　　通政司又是個甚麼機關呢？陞官圖將這機關的圖表，放在五卿之前，這是依品級的排列，因為大理寺、太常寺、太僕寺、光祿寺等正卿，都是三品至從三品的官職，而鴻臚寺則是四品官職，

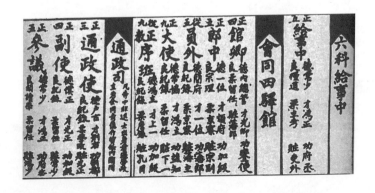

通政司的主管通政使為正三品官，是以陞官圖將通政司放在大理寺之前。但論實際行政權力，通政司是沒有甚麼實權的，他的作用只是「下情上達」而已。

查通政司的工作，負責將臣民密封申訴的題本、奏本，送給皇帝審閱的機關，換言之，就是告御狀的地方。這機關名為通政，意思就是溝通官民之間的政見。香港的民政司（按：即今民政事務局）同樣負溝通官民關係之責，也是下情上達的機關。但香港的民政司未必負責將民間的請願書送達有關方面，因此每有請願，反而不到民政司去，而到各機關去，是以民政司與通政司既似又不相類。

至於通政使由正三品官擔任，下設副使、參議。經歷這官職很多機關都有，負責管理來往文書，屬於「收發部主任」的工作。知事和主事，同樣很多機關也有，是辦理實務的人員，到這些衙門去，第一個見的官就是知事。

陞官圖對於京官中各部門的圖表，可說十分詳細，除了內閣、內廷、六部、五寺、翰林院、詹事府、內務府、中書科、都察院、

合同四譯館、通政司之外，另有國子監、欽天監、太醫院等。這些都是京官，是清代皇都所有的機關。從國子監表內各官職上的品級，可見國子監第一號人物的官階，只是從四品，以下是六七品的官，較其他各機關屬三品以上的主管官階低得多。陞官圖是按照品級高下的次序，將各機關依先後排列。國子監排在鴻臚寺之後，由於鴻臚寺正卿是四品官，而國子監祭酒是從四品官之故。

國子監本來是全國最高學府，它是訓練高級幹部的地方。自晉代開設以來，歷代的名稱有異：如晉稱為國子學，北齊名為國子寺，隋改為國學，隋煬帝又定名為國子監。唐代對國子監最為重視，設立很多博士，分門別類，訓練國家幹部。有律學、算學、書學、經學等。但是到了後期已是徒有虛名，只是輔助禮部負責開科取士的工作。清初，國子監內的制度同設祭酒、司業、監丞、博士、助教等官職，後期則是一種銜頭，以便派到其他學府去任教而已。

清廷訓練的幹部，集中於訓練八旗、滿洲、蒙古、漢軍等家族的子弟，另設八旗官學為訓練中心，所以滿清政府不必用國子監作為最高學府。雖然清初國子監仍是最高學府，不過是用來進行懷柔政策的手段，並沿用舊時的稱謂，對一些優異的州府學生給予優監、恩監、蔭監等的銜頭，名義上是提拔他們到國學去入學而已。

挈壺負責銅壺滴漏

陞官圖在國子監之後，設有欽天監。這個機關大於國子監，組織也完備得多，圖表如下：

筆者曾經看見一些青少年擲陞官圖，當其中一人的骰子擲到欽天監去時，其餘的人都大笑，說他做了太監，尤其有人擲到了下圖中的「挈壺」一位之內，更是引得哄堂大笑。他們說他替皇帝挽尿壺。可見近代青少年對欽天監和挈壺的誤解之深。

欽天監和國子監一樣，並非太監。欽天監的監字代表官署，欽天監的職責就是觀察天文地理、研究曆法，負責觀察天上的星辰運行，和研究氣候的變化。總之，它的職務如同現代的中央天文台一樣。

中國有數千年歷史，其間修改過幾次曆法，旨在與氣候相符，以便農民能依時播種及收割。監視天氣的變化，測量太陽及各星球的運行軌跡，負責修正曆法，都是欽天監的工作。

故此，欽天監的監正、監副，等於天文台的正副台長。多由專業人員負責。陞官圖在前面「出身」的一欄圖表中，有天文生

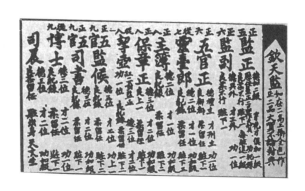

一項，這就是説：對天文學有研究的人，也可以作進身之階，到欽天監去擔任官職，試看「天文生」之下的細字寫道：「德，挈壺、才，司書、功，博士、良，司晨」。這些司書、博士、司晨、挈壺，都是欽天監內的官職，可見陞官圖作者對於欽天監的一切，都是頗有研究。

欽天監的實際工作既是監視天文、研立曆法，注意氣候的變化，因此它的組織也相當龐大。在正監和副監之外，設有五官正一職，負責測探每年四季，以及中元的分野是否適當，因負責春夏秋冬中五事，故名之為五官正。這官職古已有之，古時稱為五官氏。

歷代皇帝少不免有迷信觀念，遇到異常的星象及天氣，都當作是某種兆頭。因此欽天監內，少不免設有專責占卜之官，就是靈台郎。靈台本是古時的天文台，古代的靈台郎也是天文台上負責占卜休咎的官員，清代亦設有這個官職。

主簿各個機關都有，將主持紀錄各方面觀察所得的情形，存於資料室內。這個官職在欽天監內，可稱資料室主任。

保章正是負責夜觀星象的觀測員。各星座是否依原定的軌道運行，日月的變化等情形，都是由他觀測。

挈壺，這個引人發笑、容易誤解的官名，其實是掌管時刻的官。清初還未設有時鐘，外國雖有時鐘傳入，明末利瑪竇也帶過自鳴鐘到北京，但一股仍用「銅壺滴漏」的方法計算時辰。挈壺的壺，就是「銅壺滴漏」的壺。挈者掌握之謂，負責管理天文台計算時間的銅壺滴漏的官職，便是挈壺。

五官監候，本來也是觀察五時氣候異同的官，但上有五官正，

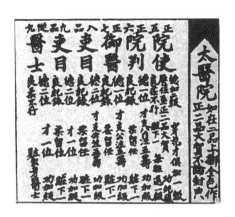

作為正式的觀察員，這五官監候是五官正的屬員，即助理員而已。五官司書也是助理員，但工作則著重於記錄方面。

　　博士、司晨都是天文台內的屬員，為民間對天文曆法有研究者到欽天監去的進身之階。

　　陞官圖的太醫院圖表在欽天監之後，都是由正五品官擔任管理的機關。太醫院的圖表如上：

　　這個機關眾所周知是個衛生組織。但它和近代的衛生部有別，因為它的主要職責是為皇帝及王公大臣服務，但對於時疫的流行，亦要提供治療和預防的方法。陞官圖的「出身」一表內亦有醫士一項，表示民間對醫學有研究之人，仍可到朝廷去做官，可先到太醫院去當醫士及吏目等職。

鑾儀衛為特務機關

　　陞官圖在太醫院後，別出一圖表，名為鑾儀衛。這個圖表簡

而不詳，可見陞官圖的發明人對這個組織不太了解。

　　鑾儀衛實際上在清代各朝代中，有時是名符其實的皇帝儀仗隊，但有時則是皇帝的特務隊伍，是個特務組織。

　　鑾儀衛是根據明朝錦衣衛的制度改成。這個機關負責保護皇帝的安全，及安排皇帝出巡的一切事宜，所以組織十分龐大，分前、後、中、左、右五所，另設馴象所和旗手衛，而由衛事大臣主其事，其下設鑾儀使。陞官圖只設鑾儀使而無衛事大臣，略而不詳，於此可見該圖作者對這個機關了解得不深。

　　陞官圖對於京官的排列，將「倉場」圖表放在各部院筆帖式之圖表後，似嫌不重視這個機關，實則倉場應該在戶部之下，仍是一個相當重要的衙門。且看陞官圖對倉場衙門的圖表：

　　查清朝在京師設倉場衙門，向由戶部侍郎主持，這個機關是負責徵收京城內外及通州等處的糧食田賦稅項。故此倉場衙門主管京倉與通倉，京倉即指京城內外，共有 11 所。通倉即指通州，

有2所。各倉均有一名監督管理。陞官圖於總督之上，列出官階為正二品，這正是戶部侍郎的品級，但卻把圖表放在不顯眼的位置，容易使人誤會是個小機關。

陞官圖將「京府」放在「外府」之前，表示京府的府尹，不同於外府的府尹，這是未可厚非的。查京府是京官，外府是京外的府尹，品級相差很遠。京府府尹是正三品，外府府尹是從四品，可見地位完全不同。其圖表如下：

考京府府尹，即古時的京兆尹。用現代的語言解釋，應是首都市長。這個衙門相當於首都市政府。因此京府府尹的官階，高於一般外府的府尹，而僅次於各省的布政司。

圖表中的府丞是協助府尹辦事的副手。治中即居中治事之謂，也協助府尹辦理首都民政事務。其中四路同知、通判、經歷都是屬員。陞官圖的圖表最後兩位官職，一是從九品的照磨，和未入流的崇文門副使。這兩個官職值得說明一下。

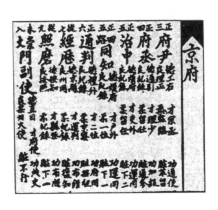

　　清代按察司和布政司兩個衙門，都有照磨之職，京府、外府、直隸所亦設這個官職。查照磨負責校對文卷工作，因為這些衙門來往文書極多，是以特另設一個部門，負責核對各種文書。

　　至於崇文門副使，為管理崇文門開關的小官。原來崇文門位於內城之南，由此門向北入即進入內城，向南出即為出外城，故崇文門是內外城交通要衝。這位崇文門副使負責這交通要衝的城門開關的事務。

　　在倉場衙門的圖表後，又有一圖表名「兵馬司」，圖表如下：

　　查兵馬司也是京城的衙門，負責首都守城，巡捕盜賊，及清理街道、溝渠；管理囚犯，保管守城大炮及火藥等事。首都有很多城門，各城都設指揮主理其事。圖表上的正揮，即正指揮官；副揮，即副指揮官，吏目是普通屬員。

　　此外陞官圖別有一圖表，名為「各部院」。這「各部院」並非衙門，只是將各部院的小京官列成一表而已，表中以筆帖式佔多項。筆帖式是滿族的文員，負責文書工作，分佈於各部院之內。

其中一項名目叫大挑（原圖表誤印為桃字）舉人。這是清朝特有的制度，原來禮部在每經數次會試之後，對於那些屢試不第的舉人，分別錄用，派出任知縣或教職。這些被挑選錄用的舉人，便叫大挑舉人。

外調官員欽差最大

以上各官職都是京官。至於外調的官員，陞官圖則以欽差的圖表，列於京府之前。這表示這類欽差大臣如不外調，便是京官。

表中的欽差大臣和軍略大臣都易明白，不必細表。只就關督說明一下，查關督是清朝特有的官差，即海關監督的簡稱，為康熙時所設的官職。當時開設四大海關，其中粵海關第一任海關監督成克大，正是欽命南來的。

織造本來是明朝已有的官職，當時在南京、杭州、蘇州三地，各設提督織造一名，管理織造所有綾羅綢緞，供宮廷使用。當時這

官職多由太監擔任，到了清朝，則多由王族出任。這官職由內務府簡派但多數經皇帝同意，所以陞官圖也把它列入欽差一圖之內。

　　外調的官，除欽差之外，就是總督了。總督一般不止管理一省的行政，如兩廣總督、兩江總督等，都是管理兩省的大吏。陞官圖將總督一圖表，置於外調官員的第一欄內，其次是巡撫，巡撫則在總督之後。所謂巡撫，等於省長，總攬全省民政、軍政。

　　陞官圖在總督與巡撫之下，各置巡捕一名，其圖表如上頁：

　　從陞官圖的圖表看，很容易誤會這兩位大吏，只管一個巡捕，其實他們權傾一省。道光年間（1821 年至 1850 年），兩廣總督鄧廷楨與欽差大臣林則徐，權力可以辦理外交事務和對外作戰。當時的巡撫怡良，也有權命令夷商繳交鴉片煙。後來鄧廷楨調兩江總督，林則徐兼領兩廣總督銜，發動燒煙和應付鴉片戰爭，權力之大可以想見。不過陞官圖在《督院》之下，有幾行細字值得注意。細字說：「漢員非翰林出身。德，作大賀，滿員及筆帖式出身，遇德准行協辦六部目。」這一點，說出了清代的總督多以滿人出任，

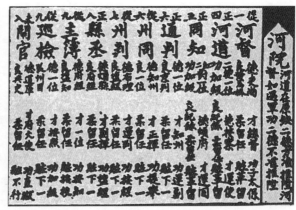

漢人極少任此職位，只有在太平天國之後，才較多漢人擔任此職。

陞官圖將《漕院》和《河院》兩圖表，放在撫院之後，表示這兩個機關都是直隸於中央。

漕院即是漕運總督的衙門，所以陞官圖院內設有一名漕督，這就是漕運總督。然則這個官是做甚麼的呢？原來，古時運輸軍糧，以從水道運送最為便利及節省開支。自漢朝開始，即著重水路運輸，歷代都設有漕官，負責水路運糧及軍運之事。但是後來，漕運一職，變成了負責運糧食及必需品入京的官員，可以說是水路運輸部長。巡漕御史，只是負責執行各河道運輸工作的官員而已。下面當然有不少工作人員。

河院和漕院完全不同，從圖表也可以看出這兩者之間絕無關係，漕院之內除總督外只有巡漕御史，而河院則有一系列的官員。當然，負責從水路運糧入京的運輸部，應有很多船隊，船隊各有主持工作的人，這些漕船所用的職員不少，決不會僅有巡漕御史一職，只因那些漕船上的職員都是不入流的小官，故陞官圖略而不詳盡了。但河院內的官員，從一品到九品都有，因此陞官圖詳列於表內。

河院等於水利部

河院又是甚麼衙門呢？這個衙門，管理的是修築堤壩，疏導河道。由於中國的黃河差不多每年都泛濫一次，淹沒農田，影響農業生產，又使下游的河道淤塞，是以歷代都有負責治河的衙門，

專門負責防洪疏河等工作。這衙門就是河院，主管官就叫河道總督。清朝各主要河流都設有河道總督，如山東、黃河、河南、江南，均有主持治河的河道總督。陞官圖中的河督，即河道總督的俗稱。

河院既是負責治洪疏河的衙門，一條黃河流經數十萬里，自然要設有很多的官員管理修築疏導，是以河督之下，設有河道等官。從這些官銜可見，有道、府、州同、縣丞等名，這就是按照所管的河道流經各地，分別分段管理。仿如一個中央機關，治理州府各縣一樣，但它不是管理民政，而是管理河道而已，反映這個衙門組織之大。

河院最後一位未入流的小官，名為閘官，這是實際駐守各險要河道的官員。他的責任在監視河流的水位，專責管理堤壩的水閘，遇旱則開閘以供灌溉，遇潦則關閘以防洪。

由此可知，河院的實際職務相當於水利部長。自然，古老的官職與現代的不盡相同，但如要在現代的官職中找一相似的作比較，水利部長頗類於河院了。

陞官圖的圖表編排，有時按照官級大小分別先後排列，有時則不然。像《鹽院》就是不按官級而排於《布政司》之前。不過，若從衙門的性質而論，鹽院排在河院之後，亦頗合理；因為這鹽院也是屬於中央直接管轄的外調衙門。它與河院、漕院的性質相類似。

陞官圖《鹽院》的圖表如右頁：

中國是一個徵抽鹽稅的國家，已有 2000 年的鹽稅史。發明抽鹽稅的是管子。歷代抽鹽稅的方法不同，其中只有隋朝不抽鹽稅，除此之外，自漢以至民國，都抽鹽稅。

　　歷代鹽稅的徵收略有不同，但大略不外乎兩種方式，其一是專賣，另一是納稅後即可自由買賣。清代的鹽稅，共分三種：第一種稱為灶課，即是鹽田的地稅，把鹽田作為農田看待，繳納田賦，但不入縣府所收，而由鹽院徵收。第二種為引課。引課是由販運食鹽的鹽商，向鹽院納了稅款之後，取得證明書——引票，以後運往各地販賣。如無引票，不得運鹽他地，亦不得出賣。第三種是雜稅，這種雜稅名目繁多，有所謂鹽倉稅、養廉公費、解運等費。

　　清朝的鹽稅如此苛重，鹽院便要很多的官吏工作，所以在各院中，除河院的官員最多之外，便輪到鹽院了。由於這是抽鹽稅的機關，這部門的官都是肥缺。

　　清朝各省都設有鹽運使，負責抽取鹽稅，是以這個衙門如同各省的巡撫一樣，省省皆有。不過亦有例外，有時如發現某省鹽稅不符理想，或某種原因，即由京巡各道兼理。所謂京巡為道，

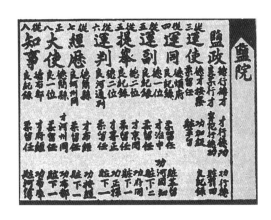

以下在《各道》一表中將加以說明。現在談談鹽院內的官職。

鹽政，在陞官圖中並未說明這個官的品級大小，但它在鹽運使之前。查這鹽政，是戶部管理鹽政的官員，一般由戶部侍郎兼任。

運使，即鹽運使，是負責各省抽取鹽稅的主管官。各省均設有鹽運使衙門，主理鹽政。

運同，即同鹽運使，是鹽運使衙門中第二把交椅的人物。

運副，即鹽運副使，又比同鹽運使低一級。這個官職負責府內的鹽政。

提舉，即提舉鹽運使，多派在鹽區中負責監督鹽田生產，以防私鹽走漏。運判、大使、知事，都是這衙門的屬員。經歷主持文書收發。

上文說，清朝制度在某些情形之下，由京巡各道兼理鹽運使的職務，這京巡各道在陞官圖中，以《各道》別為一圖表。該圖表如下：

圖表中的《各道》，就是京巡各道，即是由首都中央派出來，到各省去巡察的大員。有時，未必因為某省出了問題，才派員出巡

的，清季官場黑幕重重，只因朝廷定有出巡各省的制度，往往因人用事，所以京巡各道也是肥缺，出任此職的官員大都盆滿缽滿。

糧道就是由中央派到各省，去巡察徵糧之情的大員。

鹽道，就是派到各省去巡察鹽政的大員，有時兼任某省的鹽運使，直接負責該省的鹽稅徵收。

巡道，名稱十分含糊，陞官圖沒有詳細列出這官的種類。其實，巡道應稱為分巡各道。中央可以派員分巡各省的兵備、民情以及各種行政事務，派出時多給予分巡某某道等官職。陞官圖大抵因篇幅關係，對巡道略而不詳。

分巡各道在派出京外去巡察時，各帶備隨員。這兩個隨員，是調查倉庫的專員，這就是庫大使和倉官。倉官，另稱倉大使。清制中，凡管理倉庫而有官階的都稱大使，是以凡有倉庫而非十分重要的衙門，都有大使之職。這個大使，不是外交部派駐外國的大使，他只是倉庫的管理人。

倉庫管理通稱大使

例如下頁《布政司》之下，亦設有庫大使一職，這是管理倉庫的官員。在布政司衙門內的庫大使，相當於司庫，有別於禮部管理印刷局的倉大使，更有別於其他州縣的大使。且看布政司的圖表：

布政司之制是明代的官制，在各省設左右布政使司，主管一省的政務。它名為布政，意思是朝廷有政令，由他布之於民。故名布政。到了清朝，因各省皆設巡撫，所以裁去右布政司使，只

設一布政司使，但官階在巡撫之下，是從二品官。

　　香港的官名，多沿用清代官制的中文名稱，例如布政司。其實香港的布政司（按：即今政務司）和清代的布政司有別，故此有識之士多譯為輔政司，因香港的布政司實有輔助總督署理行政的責任，不同於清代的布政司使。但香港的布政司又有布政令於民的職責，很多總督的命令，都由布政司發佈。故此官方譯名，多譯布政司，但民間則多譯輔政司。

　　查清朝官制，各省總督之下有巡撫。布政司使實為巡撫之副。一般總督不在，多由巡撫代行職權，沒有由布政司代總督行使職權。香港官譯布政司，則有代總督行使職權之例，因此譯作輔政司似較為恰當。

　　布政司使在清代的官職，如果以民國的官職比較，相當於副省長而兼理民政廳長。在省的衙門中，也是大衙門，因為它掌理一切民政的事務。

　　布政司的主管官就是布政司使。其下有各級辦事官員。「經歷」是管理文書、文告、文件的主管官。「理問」一官主理勤核

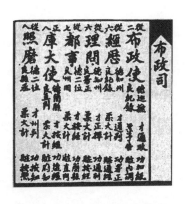

刑名,有點檢察官的味道,又似乎和香港的律政司差不多。「都事」
管理眾多事務,舉凡省內的各種事務,都由這一部門所理。換言
之,布政司使這衙門,本身就是巡撫之下的民政官,官衙內除經
歷、理問各有所理之外,其餘各事,都由都事總其成。「庫大使」
是布政司衙門內的倉庫管理員。照磨是校對各種文書的主理員。

清代各省亦設按察司衙門,陞官圖自然也不能少。這個衙門
的圖表如下:

這個衙門等於法院,按察司使就走法院院長,主理省內司法
之事。香港也有按察司,相當於清代各省所設的按察司,是省內
最高法院的主管。

清代的按察司,除審判訴訟之外兼理獄政,故署內有司獄一
職。由於訴訟紛紜的原故,署內也如各府衙門,設一檢校之職,
負責檢查,和校對各公事文牘。·

陞官圖將府、州、縣各官置於最末一欄,表示除省級官員之
外,下級設有衙門的官,就是府、州、縣了。因為知府衙門有京府
與外府之分,京府即在首都所轄的各知府衙門,上文已經介紹過,

外府即京外各知府衙門之謂。其圖表如右頁：

清代的地方政制，以縣為單位，縣之上是州，州之上是府，府之上是省。是以省級之下，就是知府了。陞官圖將府分為兩種：一稱煩府，一稱簡府。所謂煩府是指丁口田賦多的地方，簡府即指丁口田賦較少的地方，即所謂頭等府與二等府而已。派往丁口田糧多的地方做知府，自然是個肥缺，雖然官階都是從四品，但油水則比簡府肥得多。

同知是助理知府之謂，但清朝設有海防同知，理猺同知等官，官銜雖是同知，低於知府卻行使知府的權力，直接向巡撫或總督負責。雍正年間（1723 年至 1735 年），為了處理澳門華洋事務，特於澳門附近的前山寨，設軍民海防同知，主理對澳門的事務。這位同知，不必向廣州府匯報交涉情形，權力大於知府。所以陞官圖所列的同知，只是助理知府的同知而已。

知府衙門裏的職員，以通判為最重要，他才是實際助理知府辦理府內政務的官。經歷不必說了，上面各機關都已詳細說過。

知事是管理府內所屬的州縣行政官員，即督促所屬州縣執行政府法令，及主理民間訴訟等事務。

清代的知府衙門，都有審判訴訟的權力，故此府內，都設有監獄，用以囚禁人犯。司獄一職，便是管理獄政之員。照磨上面已說過了，是個校對官方文書的小官。大使則是管理倉庫之人。檢校是個管理卷宗的小文員，屬於師爺一類。

由於民國後廢了府州制度，在省之下只有縣和專區，是以人們對於州府的印象極為模糊。例如廣州府，它既稱州，又稱府，而廣州府之下，領有十四縣，但又沒有一個州是屬於廣州府所轄的。

其他如韶州府、潮州府，都是州府，但肇慶府卻又不帶一個州字。
這是何解？

如上述清代地方政制，省之下是府，府之下是州，州之下是
縣，但府之下，未必一定設有州治，通常煩府領縣必多，簡府領縣
較少。廣州府領縣十四，但沒有州治。肇慶府領縣十二，其下卻
有德慶州設州治。又如瓊州府，領有三州十縣。屬下的儋州、萬州、
崖州都設州治，有知州的官。

但是，州治也分等級，有些州是直隸於省政府的，陞官圖稱
為直隸州。但在直隸州之前，又顯出一圖名《直隸廳》茲將兩圖
表影印如下：

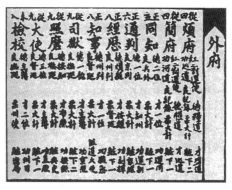

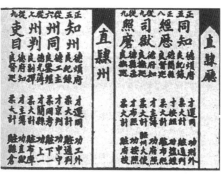

直隸廳直接向總督負責

所謂直隸廳，就是海防同知的衙門。原來滿清政府對於傜、壯、黎、苗等少數民族，向來十分歧視，而且諸多壓迫，因此他們經常起來反抗。滿清政府為了對付他們，特於各少數民族聚居的地區，設立統治機關，這機關名為廳，而派一同知負責一切工作。管理傜族的，名「理傜廳」，管理苗人的，名「理苗廳」。雍正年間（1723 年至 1735 年）為了管理澳門葡人，也是運用這種行政制度，在前山寨設一海防同知，這海防同知的衙門，便是廳，由於它是向兩廣總督負責的，所以稱為直隸廳。

理傜同知或海防同知也好，由於他的責任是管理異族，所以衙門內也設有監獄。不過，它是管理少數民族的衙門，規模不似知府衙門的大，只有幾名重要的官員，如經歷、司獄、照磨幾個官。

但陞官圖沒有說明這種直隸廳的性質，故此忽略了它是負責彈壓異族的機關，沒有指出衙門內有武裝。查廣東各理傜廳及海防同知，均設有把總二員，兵丁若干名，並可在附近地區兵營抽調官兵，必要時以資彈壓。這是陞官圖略而不詳的地方。

直隸廳的同知，本是部選之官，即由吏部派出，但有些同知是在少數民族發動暴亂之時派出去的，是以也有由內閣派出去的；奉皇帝御旨派出的亦屬不少。因為有時需要封鎖那些地區，故這個衙門均有關防官印。這些，都是陞官圖所略去的了。

至於直隸州，即是直屬省政府機關管轄的州，並非知府所管。廣東從前也有直隸於省府所管的州，官階與同知相同。到了清代，廣東的嘉應州、羅定州、連州等，都是直隸州。

　　每一直隸州，可領兩個縣或三四個縣。例如嘉應州領四縣，羅定州領二縣就是。由於工作不及知府衙門的繁忙，故所屬的官員亦較知府衙門為少。陞官圖所列的官，差不多都已齊備。知州是直隸州的主管官，州同是其副手。州判即直隸州的通判，吏目是師爺。

　　最後，輪到行政官最低的兩個衙門，即州和縣。陞官圖分別為兩表。州的表如下：

　　陞官圖「州」的性質，與直隸州不同。直隸州沒有庫房倉房，所以不設大使和倉官。試比較兩圖表，前四員完全相同，只有後面管理庫房的大使，和管理糧食的倉官，為直隸州所沒有的，這是甚麼緣故？

　　原來清制的直隸州，等於小規模的府，它只管理兩個縣至三四個縣，各縣的縣府裏都設有倉官和大使，管理錢糧田賦的儲藏及裝運。是以這小規模的「府」，就不必多設倉庫了。而非直隸州，則名為散州。散州的性質，是比縣略為大規模。實際上，散州所領的行政地區，等於一個縣，不過稱為州而已。

這種州是屬於府所管轄，受知府衙門所支配。不像直隸州受省府所管，所以稱為散州。散州既是較大的縣，因此它的衙門也設倉庫。

清代廣東也有很多散州。例如上述肇慶府所屬的德慶州、高州府所屬的化州等便是。民國後，州府的制度取消，德慶州改為德慶縣，化州改為化縣，從這一改革，可見散州的性質是縣，不過主管官是較知縣為高，由從五品官員擔任。

清朝的地方行政制度多沿用明朝制度，大致上散州原是明朝時的府，到了雍正年間（1723 年至 1735 年），一切政治制度完全上了軌道，才將那些不切實的府，改為州治。併歸附近的府管理。

縣是最低行政單位

陞官圖最後的一個圖表是縣，縣的圖表如下：

圖表上前四種知縣，是縣地的等級，京縣是第一級，即在首都附近的知縣。例如北京附近的宛平縣便是京縣。其次是煩縣，煩

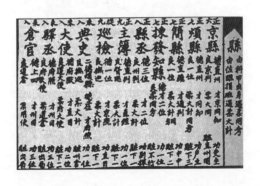

縣是京外各省各地的縣，但卻是一等魚米之鄉的大縣。簡縣又比煩縣為次，是二三等縣。揀發知縣則更次之，只是四五等的窮縣。

從這些官名下面的細字，也可以見到陞官圖對這幾種知縣的看法。揀發知縣下面有「德，才，二位」，即是說有德有才（陞官圖擲得雙四為德，雙六為才），可以晉升二位，就是說可以由窮等縣的揀發縣升到去富有的煩縣去當知縣。簡縣一條下有「良，一位」的字樣，即表示政績優良（陞官圖擲得雙三為良）便可升到富有的煩縣去做官。這些，已說明了這四種縣官的性質了。

縣之下設有縣丞。縣丞的性質，等於民國後縣屬的分區專員。有些大縣設有幾個縣丞，作為縣府設到該區去的行政官。

其他各官，上面多已解釋過了，只有一位驛丞，是陞官圖各圖表所無，只有在這縣的圖表中才有，這驛丞的官就是負責郵政傳遞的驛站負責人。

查清代各州、府、縣，都設有驛站，管理一切公文傳遞的運送工作，等於今日的郵政局。因此，各州府圖表中，也應設有驛丞一職才對。大抵陞官圖的作者認為這是低賤的人員，不必在各表列入，只在縣的圖表中列入，聊備一格。

此外，陞官圖還有很多散表，其中一表是《捐班候補》。這圖表有一述的必要，先將圖表列後：

查「捐班候補」，即是捐出一筆巨款給政府，政府即給予他一個候補官員的官職，等候有缺時補上。清朝制度，捐款多的，可當大官，越捐得多，其官亦越大；但有限制，最大只能當五品官。實職上，只能到六部去當一位郎中。陞官圖在這項圖表上，第一位是郎中，其次是員外郎，這完全符合事實。

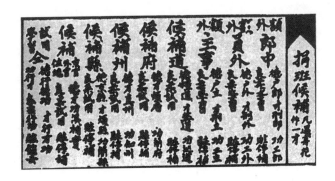

　　納款給政府而獲得官職，這種制度始於秦始皇時代，當時蝗蟲成災，為了救災，曾下旨募捐救濟米，凡納米 1000 石的，加算一級，多捐米的加級越多，這是納款捐官的開始。其後歷朝遇有大災害或興建大工程時，都有捐款得官的辦法。到了清朝中葉，竟然成為一種定制，不必巧立甚麼名目，有錢人捐款，就可以做官。同治、光緒年間，本港的富商也都捐款得一個官銜，以便穿上朝衣朝冠，炫耀於老百姓之前。

　　除了上述圖表之外，另有一《外員內調降用》圖表，這只是聊備一格，表示清朝官制，外員調回首都去時，例必降一級任職。圖表如右頁：

　　查清朝官僚，多喜外調，因為外調時獨當一面，而且可以上下其手，絕少希望內調回到首都，在各部院內當個京官。所以陞官圖也注意到這種情形，它在表內寫有「不願者聽穿花復任」等字，表示多不願調回京城的普遍心理。

　　表內有三位內調的官員，即巡撫、布政司使、按察司使。他們都是省級的官員，是最多被內調回京的三種官職，一般是任滿而未有新缺可派，先調回京；其次是有過失被調回的。總之，當

一位山高皇帝遠的巡撫，總好過在京當宗人府的宗丞，或當大理寺的正卿。

最後，陞官圖另有三個圖表也要談談。這三個表是《大考》、《曠典》和《各館謄錄》：

先談大考。查大考是清朝一種額外的考試制度，每隔若干年舉行一次。參加大考者有所規定，是詹事府內自少卿以下的各級官員，以及翰林院內，自侍讀學士以下的各人，才有資格參加。這個考試由皇帝出題目，以甄別翰林院和詹事府人員，達致新陳代謝的作用。

考試評卷之後，大略分成四等成績。第一等的，給予升職的機

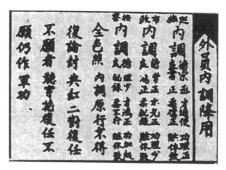

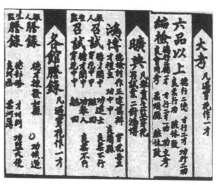

會，第二等留職，第三等降調他處，第四等強制退休。

　　陸官圖這個《大考》表，表內第一行是「六品以上」，第二行是「編檢」。這是和清朝大考的規例有相符亦有不相符。大考規定詹事府少詹事以下的官員，和翰林院侍讀學士以下的官員才有資格參加，試看陸官圖《翰林院》和《詹事府》兩圖表，翰林院侍讀學士之下，就是侍講學士，他是從四品官，至修撰，是從六品。詹事府的少詹事至左右贊善，都是六品以上的官員，這些官員都可以參加大考，故此第一行的「六品以上」，就是指這些官職而言。

　　但第二行「編檢」就與事實不相符了，這一欄應寫為六品以下方符事實，因為清制大考，翰林院和詹事府各下級官員都有資格參加翰林院的正七品官編修和檢討，庶吉士都有資格參加大考，詹事府的主簿亦可以。故此「編檢」二字實為不當，應寫六品以下才對。

　　同時，細看翰林院一圖表，在檢討之下，並無大考一項，既取消了從七品官檢討大考的資格，則大考表內，又何必用編檢二字？何不只寫編修呢？

　　其次《曠典》一表，這表本列於《出身》一圖表之後，只因它是另一種考試的性質，故筆者把它押後到此處才討論。《曠典》一詞，本意是在一個時期之內不能舉行的典制，於適當時機舉行之謂。換句話說，這種考試並不是每一個皇帝都一定會舉辦一次，有時隔很久才舉行一次，與大考每隔若干年必舉行一次的形式有所分別。

　　這種不是經常舉行的考試，分兩種形式，一為博學鴻詞，二

為召試。圖表中的鴻博，即博學鴻詞。它是皇帝歡喜的時候，或者甚麼大慶典，特地舉行一次考試，不限年齡和學歷，都可參加。至於召試，多是皇帝出巡時，迎鑾的進士、舉人、貢生、監生、生員都可參加。取錄一等的進士、舉人，提拔到內閣任中書，其他貢生、監生、生員，則賜舉人的名銜。如取錄二等，則各賜賞綢緞一疋。

陞官圖這一圖表，也是一半符合事實，一半則不符。

最後討論《各館謄錄》。查謄錄這官職，於科舉時代為防止作弊而設。他的職責，是將各考生的答卷照式抄好一份，只編號不署考生的名，然後累齊送往閱卷者取錄。這是避免考官認出考生的字跡，而判斷取錄與否。故任謄錄一職者，多由舉人或監生擔任。這些都是散職，好比香港公開考試時，聘請一批有資格人士任評卷員一樣，都是在那時才有的職位。因此有人願意擔任，亦有人不願意，陞官圖在「舉人」和「經魁」名下，都有謄錄的派出，「拔貢」與「優貢」之下，亦有派任謄錄者，其理在此。

陞官圖的全部體制，與清代官僚制度的比較，已如上述。這種賭具，本應在民國以後便被淘汰，為甚麼在 1970 年代的香港，仍然保存下來，成為一部分知識分子樂於呼盧喝雉，樂此不疲呢？照筆者的分析，這是和香港政府在意識形態上保留大清時代的美夢有關。

自 1911 年辛亥革命至今多年，在中國大地上，起了很大的變革。清代那些封建思想的東西，早已被時代洪流沖擊得體無完膚了。其中代表封建王朝的官名，早在 1920 年代至 1930 年代，已完全為人民所唾棄。到了今天，即使是最保守的，也不會保留著

那些完全是封建形式的官銜。但在香港，卻被保留下來。

　　請看：香港至今（按：即 1970 年代）仍保留著大清王朝的官僚稱謂，有布政司、按察司、經歷司等。這些官名，難道就沒有現代化的譯名了麼？筆者還看見一位高級翻譯官在報上寫了一篇談布政司的文章，力指人們譯作輔政司不對，堅持官譯布政司為正確。就是說：大清時代的官名，要保留，要堅持下去。

　　是這一種意識形態在保留了陞官圖的存在。而摩登的科舉——會考制度，也使這過了時的賭具，成為今日知識分子鑽研的東西了。

後記

香港是個現代化的城市，但也保留著很多非常落後的東西。在賭博一領域內，保留了很多原始形式的賭博。例如鬥雞、打狗、鬥蟋蟀、打雀等。這些賭博，本來準備分章討論，但因資料搜集還未足夠，只好留待再版時，另訂幾章加入。

此外，九龍城砦是香港著名的賭城，它是具有歷史性的賭城。遠在十九世紀，香港已有人到九龍城去賭錢，其中有公務員到九龍城砦賭敗，以致虧空公款而入獄。談香港賭博史而不談九龍城砦的賭博史，實欠完備。但筆者到九龍城砦去考察，發現裏邊有很大的變化，與初時所想像的完全不同，因此又只好押後討論。

在為本書搜集資料時，又發現長州有一間紙牌廠，印製最原始的馬吊牌，供給水上人家玩樂。但它不稱馬吊牌，而稱東莞牌。這種紙牌，與本書第六章所討論的明代馬吊牌極為相似。又當筆者訪問幾個漁村的漁民時，發現他們大部分玩這種紙牌，但不一定稱東莞牌，有的稱為陽江牌，有的稱為碰和牌，而紙牌的形式各異，有三種之多。這些發現，證實了筆者在第六章所得的結論，就是香港是麻雀賭博的基地。有機會的話，當另寫專文討論。

有一種潮州紙牌，是用象棋上的車馬炮士象帥等符號配合而成，有雙色、三色、四色之分。這也是香港出品的賭具，由永樂街一間公司發行，這種賭博也具有歷史性。與十五湖同樣流行。

十五湖紙牌也是香港出產的賭具，它的賭法有釣魚、十五湖、牌九、天九，以及最近流行的叫「頂頭」等項目。每種項目都有它的發展過程。

此外西洋紙牌，即俗稱的「啤牌」，也是本港出產，行銷海外

的。西洋紙牌的賭法很多。如橋牌、撲克、沙蟹、十三張、廿一點、百家樂等。而西洋紙牌又是從中國傳往西洋去的。總之，單是香港紙牌賭博的歷史，已可另寫一本書，才能說明得盡。

　　本書是筆者試圖以歷史的觀點去研究香港賭博的發展，在各方面顯然很膚淺，希望能得到讀者的指教，以便進一步改正。

1978 年 6 月 1 日

魯 金 作 品 集

策劃編輯　梁偉基

責任編輯　許正旺

書籍設計　陳朗思

書籍排版　曹柏寧　吳丹娜

書　　名　香港賭博簡史

著　　者　魯金

出　　版　三聯書店（香港）有限公司

　　　　　香港北角英皇道四九九號北角工業大廈二十樓

香港發行　香港聯合書刊物流有限公司

　　　　　香港新界荃灣德士古道二二〇一二四八號十六樓

印　　刷　美雅印刷製本有限公司

　　　　　香港九龍觀塘榮業街六號四樓 A 室

版　　次　二〇二三年三月香港第一版第一次印刷

規　　格　特十六開（145×210mm）二七二面

國際書號　ISBN 978-962-04-5058-7